세계경제사

GLOBAL ECONOMIC HISTORY: A Very Short Introduction, First Edition

첫단추 시리즈
017

세계경제사

로버트 C. 앨런 지음
이강국 옮김

교유서가

일러두기

본문 중의 〔 〕는 모두 옮긴이 주(註)이다.

차례

제 1 장

대분기

경제사는 사회과학의 여왕이다. 경제사의 주제는 애덤 스미스의 위대한 저작의 제목인 '국부의 본질과 요인(국부론)'이다. 국부의 요인을 경제학자들은 시간을 초월하는 경제 발전 이론들에서 찾지만, 경제사가들은 역사적 변화의 동적인 과정에서 찾는다. 경제사가 던지는 근본적 질문—왜 어떤 나라는 부자이고 다른 나라는 가난한가?—이 다루는 범위가 전 세계로 확장된 이래 경제사는 특히 흥미로워졌다. 50년 전 그 질문은 '산업혁명은 왜 프랑스가 아니라 영국에서 일어났는가?'였다. 그러나 중국, 인도, 중동에 관한 연구는 세계에서 가장 위대한 이 문명들의 내재적인 동학을 강조해왔다. 따라서 오늘날 우리는 경제 성장이 아시아나 아프리카가 아니라 왜 유럽에서 시작되었는지 물어보아야만 한다.

오랜 과거의 소득에 관한 데이터는 정확하지 않지만, 1500년 경까지 국가 간 번영의 차이는 크지 않았던 것으로 보인다. 현존하는 선진국과 후진국 사이의 차이는 주로 바스코 다 가마가 인도로 항해하고 콜럼버스가 아메리카를 발견한 이래 나타났다.

우리는 과거 500년을 세 개의 시기로 나눌 수 있다. 첫째는 1500년에서 1800년 사이의 **중상주의 시대**(mercantilist era)이다. 이 시대는 통합된 세계 경제를 만들어낸 콜럼버스와 다 가마의 항해로 시작되어 산업혁명으로 끝이 났다. 유럽인들은 아메리카 대륙에 정착하여 은, 설탕, 담배를 수출했다. 아프리카인들은 노예가 되어 아메리카로 끌려가 이 상품들을 생산했다. 아시아는 향료, 옷감, 도자기를 유럽에 수출했다. 유럽 강대국들은 식민지를 획득하고 관세와 전쟁으로 다른 국가들이 그들과 무역하는 것을 막는 방식으로 무역을 늘리고자 했다. 유럽의 제조업은 식민지의 희생을 대가로 발전했지만, 경제 발전 그 자체가 목표는 아니었다.

이는 두번째 시기인 19세기 **추격**(catch-up)의 시대에 변화되었다. 1815년 나폴레옹이 워털루 전투에서 패했을 즈음, 영국이 산업을 선도했고 다른 국가들을 경쟁에서 압도했다. 서유럽과 미국은 경제 성장을 최우선 과제로 삼았고 네 가지 표준적인 정책 묶음으로 이를 이룩하고자 했다. 국내의 관세를 철폐하고 교통 인프라스트럭처를 건설하여 전국적으로 통합된 시장을 창출하는 것, 영국과의 경쟁으로부터 자국 산업을 보호하기 위해 외국에 대해 관세를 도입하는 것, 통화를 안정시키고 산업에 투자할 재원을 충당하기 위해 은행에 면허를 부여하는 것, 노동력을 업그레이드하기 위해 대중 교육을 확립하는 것. 서유럽과 북아메리카에서 이 정책들은 성공적이었고, 이 지역의 국가들은 영국과 함께 현재의 선진국 클럽이 되었다. 몇몇 라틴아메리카 국가들은 이 정책들을 불완전하게 도입했고 크게 성공하지는 못했다. 영국과의 경쟁이 아시아 대부분 국가들을 탈산업화했고, 1807년 영국의 노예무역이 끝난 이후 아프리카는 야자유, 코코아, 광물을 수출했다.

20세기에는, 이전에 서유럽, 특히 독일과 미국에서 성공적이었던 정책들이 아직 발전되지 못한 국가들에는 덜 효과적이었음이 드러났다. 대부분의 기술은 선진국에서 발명되는데, 그들은 더욱 더 비싸지는 노동의 생산성을 높이기 위해 점점 더 많은 자본을 사용하는 기술을 개발한다. 이 신기술의 대부분은 저임금 국가에서는 비용 면에서 효율적이지 않지만, 그것은 그들이 선진국을 따라잡는 데 필요한 것이었다. 대부분의 국가들은 현대적 기술을 어느 정도 도입했지만, 선진국들을 따라잡을 만큼 급속하게 도입하지는 않았다. 20세기에 서구와 격차를 줄인 국가들은 경제 도약을 위해 계획과 투자 조정을 사용하는 빅푸시(Big Push)와 함께 이러한 기술을 급속히 도입했다.

몇몇 국가들이 **어떻게** 부자가 되었는지를 배우기 전에, 우리는 그들이 **언제** 부자가 되었는지 알아야 한다. 1500년에서 1800년 사이에 오늘날의 선진국들은 일인당 GDP(국내총생산)로 계산할 때 다른 국가들에 비해 약간 앞서 있었다. (표1) 1820년 유럽은 이미 가장 부유한 대륙이었다. 유럽의 일인당 GDP는 세계의 다른 지역들의 두 배였다. 가장 번영했던 나라 네덜란드의 일인당 평균소득(GDP)이 1838달러였다. 17세기에 북해 연안 저지대 국가들이 호황을 구가해, 다른 국가들의 경제 정책의 주된 목표는 네덜란드를 따라잡는 것이었다. 영국도 네덜란드를 추격하고 있었다. 산업혁명이 두 세대 동안 진행되었고, 영국은 1820년 소득이 1706달러로 두번째로 부유한 국가였다. 서유럽과 영국의 식민지들(캐나다, 오스트레일리아, 뉴질랜드, 미국)의 소득은 1100~1200달러였다. 나머지 국가들은 정체했으며 일인당 소득이 500~700달러였다. 아프리카는 가장 가난한 대륙이었고 소득은 415달러였다.

1820년부터 현재까지 각국의 소득 격차는 몇몇 예외적 경우 말고는 계속 벌어졌다. 1820년에 가장 부자였던 국가들이 가장 많이 성장했다. 오늘날 선진국의 소득은 평균 2만 5000

표1. 전 세계의 일인당 GDP, 1820~2008년

	1820	1913	1940	1989	2008
영국	1,706	4,921	6,856	16,414	23,742
네덜란드	1,838	4,049	4,832	16,695	24,695
기타 서유럽 국가들	1,101	3,608	4,837	16,880	21,190
지중해 유럽	945	1,824	2,018	11,129	18,218
북유럽	898	2,935	4,534	17,750	25,221
미국, 캐나다, 뉴질랜드, 오스트레일리아	1,202	5,233	6,838	21,255	30,152
동유럽	683	1,695	1,969	5,905	8,569
소련	688	1,488	2,144	7,112	7,904
아르헨티나, 우루과이, 칠레	712	3,524	3,894	6,453	8,885
기타 라틴아메리카 국가들	636	1,132	1,551	4,965	6,751
일본	669	1,387	2,874	17,943	22,816
대만, 한국	591	835	1,473	8,510	20,036
중국	600	552	562	1,834	6,725
인도 아대륙	533	673	686	1,232	2,698
기타 동아시아 국가들	562	830	840	2,419	4,521
중동과 북아프리카	561	994	1,600	3,879	5,779
사하라 이남 아프리카	415	568	754	1,166	1,387
세계	666	1,524	1,958	5,130	7,614

GDP는 한 경제의 상품·서비스의 총산출과 그것이 창출하는 총소득으로 측정한다. 이 표에서 GDP는 1990년 달러로 측정되어, 생산량(실질소득)이 시간과 공간에 걸쳐서 비교될 수 있다. 주: 영국은 1940년부터 북아일랜드를 포함한다.

달러~3만 달러이고, 대부분의 아시아와 라틴아메리카 국가들의 소득은 평균 5000~1만 달러인 반면, 사하라 이남 아프리카의 소득은 고작 1387달러이다. 이러한 격차의 확대 현상은 그림1에 나타나 있다. 이 그림의 가로축을 따라 오른쪽으로 갈수록 1820년에 소득이 높았던 지역들이고, 이들의 성장률이 가장 높았다. 반면 왼쪽의 지역들은 초기의 소득이 낮은 지역들인데 성장률이 더 낮았다. 유럽과 영국의 식민지들은 1820년에서 2008년까지 소득이 17~25배 증가했다. 동유럽과 대부분의 아시아 지역은 초기의 소득이 낮았고 같은 기간에 소득이 10배 증가했다. 남아시아, 중동 그리고 대부분의 사하라 이남 아프리카 지역은 운이 나빴다. 1820년에도 가장 가난했고 같은 기간에 소득 증가도 3~6배에 불과했다. 이 지역들은 서구에 비해 더욱 뒤쳐진 것이다. 그림1의 '분기식(divergence equation)'은 이러한 패턴을 잘 보여준다.

이러한 소득 격차의 확대에도 예외가 존재한다. 동아시아가 가장 중요하다. 이 지역은 세계적인 추세와 반대로 지위가 개선된 유일한 지역이기 때문이다. 일본은 20세기의 가장 대단한 성공 사례이다. 일본은 1820년에는 분명히 가난한 나라였지만 서구와 소득 격차를 줄이는 데 성공했다. 또다른 극적인 사례는 한국과 대만의 성장이다. 비록 완전하지는 못했지만 소련도 성공 사례에 속한다. 오늘날 중국은 이러한 사례를 따

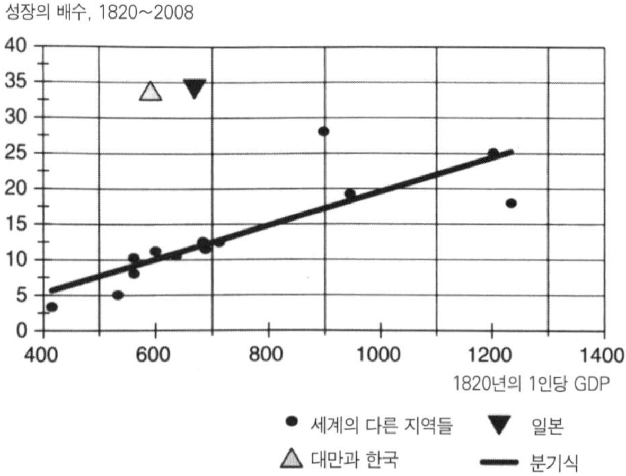
성장의 배수, 1820~2008
40
35
30
25
20
15
10
5
0
400
600
800
1000
1200
1400
1820년의 1인당 GDP
세계의 다른 지역들
일본
대만과 한국
분기식

그림1. 대분기

라가고 있는지도 모른다.

산업화와 탈산업화가 전 세계의 소득 격차를 벌린 주요한 요인이었다. (그림2) 1750년 세계의 제조업은 대부분 중국(전 세계의 33퍼센트)과 인도(25퍼센트)에서 이루어졌다. 아시아의 일인당 생산은 서유럽보다 낮았지만 그 격차는 상대적으로 작았다. 1913년이 되자 세계가 극적으로 뒤바뀌었다. 전 세계 제조업에서 중국과 인도가 차지하는 비중은 각각 4퍼센트와 1퍼센트로 하락했다. 반면 영국, 미국, 유럽이 전체의 4분의 3을 차지하게 되었다. 영국의 일인당 제조업 산출은 중국보다 38배 높았고 인도보다는 58배나 높았다. 영국 제조업의 산출이 엄청나게 증가했을 뿐 아니라, 중국과 인도에서는 섬유와 야금 산업이 서구의 기계화된 산업과의 경쟁에서 밀려나 제조업이 절대적으로 쇠퇴했다. 19세기에 아시아는 세계 제조업의 중심에서 농산물 생산과 수출에 전문화된 전형적인 후진국으로 전락했다.

그림2는 세계사의 주요한 전환점들을 보여준다. 1750년부터 1880년 사이에는 영국의 산업혁명이 주요한 사건이었다. 이 시기에 전 세계 제조업에서 영국이 차지하는 비중이 2퍼센트에서 23퍼센트로 높아졌다. 아시아의 제조업은 영국과의 경쟁에서 파괴되었다. 1880년에서 2차세계대전 사이에는 미국과 특히 독일을 포함한 유럽 대륙의 산업화가 주요한 사건이

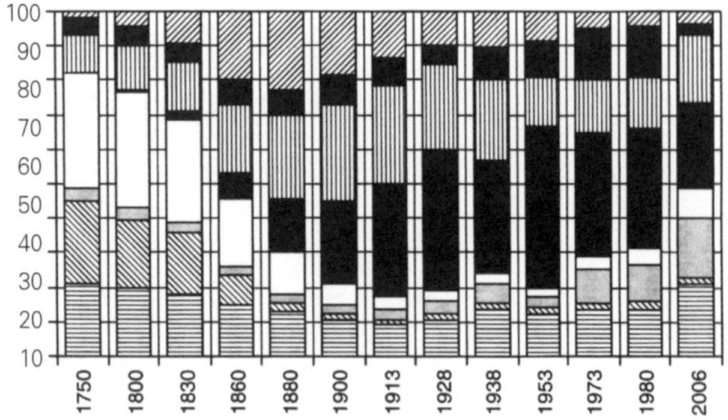

그림 2. 전 세계 제조업에서 각 지역이 차지하는 비중(%, 연도)

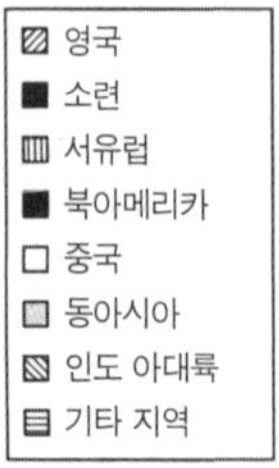

었다. 1938년 제조업에서 미국과 독일이 차지하는 비중은 각각 33퍼센트와 24퍼센트로 높아졌다. 이들과의 경쟁에서 패한 영국의 비중은 13퍼센트로 하락했다. 2차세계대전 이후부터 1980년대까지는 전 세계 제조업에서 소련이 차지하는 비중이 급속히 높아졌다가, 그후로 과거 소련에 속했던 국가들의 경제가 쇠퇴함에 따라 그 비중이 급락했다. 동아시아의 기적과 함께 일본, 대만, 한국이 전 세계 제조업에서 차지하는 비중은 17퍼센트까지 늘어났다. 1980년 이후에는 중국도 산업화되어 2006년에는 전 세계 제조업의 9퍼센트를 차지했다. 만약 중국이 서구를 따라잡는다면 세계사는 완전하게 반복될 것이다.

실질임금

GDP는 후생을 측정하는 적절한 지표가 아니다. 여기에는 건강, 평균수명, 교육 등이 포함되지 않는다. 또 GDP는 종종 데이터가 없어 계산하기 어려우며, 계산이 된다 해도 부자와 가난한 이들의 소득을 평균하기 때문에 오해를 불러일으킬 수 있다. 이러한 문제들은 소득으로 구매할 수 있는 생활수준을 나타내는 '실질임금(real wages)'을 계산하여 보완할 수 있다. 실질임금은 평균적인 사람들의 생활수준을 자세히 알려준다. 그리고 노동자들이 비쌀 때 노동자들이 사용하는 기계의 양을 늘릴 인센티브가 가장 크기 때문에 실질임금은 현대적 산업의 기원과 확산을 설명하는 데 유용하다.

나는 노동자들에게 주목할 것이다. 그들의 생활수준을 측정하려면 임금은 소비재 가격과 비교되어야만 하고 소비재 가격은 소비재가격지수를 계산하기 위해 평균되어야 한다. 나는 사람들이 '최저생계(bare-bones subsistence, 생존하는 데 필요한 최소한의 수준으로 살아가는 것)'를 유지하는 비용을 계산했다. 이 경우 식단은 거의 채식 위주이다. 삶은 곡물 또는 발효되지 않은 빵이 대부분의 칼로리를 제공하고 콩이 단백질을 보충하며, 버터나 식물 기름이 약간의 지방을 제공한다. 17세기에 인도를 방문한 네덜란드 상인 프란시스코 펠사트(Francisco Pelsaert)에 따르면 델리 인근의 사람들은 쌀과 콩을 섞어서 만든 "약간의 케저리〔쌀이나 렌즈콩으로 만든 인도 요리〕를… 저녁에는 버터와 함께 먹고 낮에는 구운 콩이나 다른 곡물을 조금 먹을 뿐, 다른 음식은 없었다." 노동자들은 "고기맛은 거의 몰랐다." 사실 대부분의 고기는 금기시되었다.

표2는 성인 남성의 최저생계를 규정하는 소비 패턴을 보여준다. 그들의 식단은 세계 각지에서 이용 가능한 가장 값싼 곡물—북서유럽의 귀리, 멕시코의 옥수수, 북인도의 수수, 중국 연안의 쌀 등—에 기초해 있다. 곡물의 양은 하루에 1940칼

표2. 최저생계를 위한 품목 묶음

	일인당 연간 소비량(kg)	1일당 칼로리	1일당 단백질(g)
식품			
곡물	167	1,657	72
콩	20	187	14
고기	5	34	3
버터	3	60	0
합계		1,938	89
비식품			
비누		1.3킬로그램	
린넨/면		3미터	
양초		1.3킬로그램	
등유		1.3리터	
연료		200만 영국열량단위	

주: 이 표는 북서유럽의 귀리 식단의 양과 영양 수치를 기초로 한다. 세계의 다른 지역의 식단에는 이용 가능한 가장 값싼 곡물이 포함되었고, 따라서 정확한 수량은 달라진다.

로리를 만들어내도록 계산했다. 비식료품 지출은 옷감 조금, 약간의 연료 그리고 약간의 양초 등으로 제한된다. 지출은 대부분 식비인데, 그중에서도 핵심인 탄수화물에 지출된다.

생활수준에 관한 근본적인 질문은 풀타임으로 고용된 노동자가 최저생계 수준으로 가족들을 부양하는 데 충분한 만큼 돈을 벌었는가 하는 것이다. 그림3은 노동자의 수입과 가족의 최저생계비용 사이의 배율을 보여준다. 오늘날에는 생활수준이 유럽 전체에서 비슷하다. 15세기까지는 이와 비슷했고, 당시의 생활수준 또한 높았다. 노동자들은 대략 최저생계비의 4배를 벌었다. 그러나 18세기에는 유럽에서 격차가 크게 확대되었다. 유럽의 생활수준은 급락했고 노동자들의 소득은 표2에 나와 있는 것들 정도를 겨우 살 수 있을 만큼 적었다. 중세의 플로렌스 노동자들은 빵을 먹었지만, 18세기 들어 이 지역 노동자들은 아메리카 대륙으로부터 새로 도입된 옥수수로 만든 죽을 먹었을 뿐이다.

이와는 대조적으로 암스테르담과 런던의 노동자들은 여전히 최저생계비의 4배를 벌었다. 그러나 1750년의 런던 노동자들은 표2에 나온 귀리를 4배로 먹지는 않았다. 대신 그들은 식생활을 업그레이드해서 흰 빵, 쇠고기 그리고 맥주를 먹었다. 영국인들이 귀리를 먹었던 것은 켈트 해의 변방 지역뿐이었다. 새뮤얼 존슨(18세기 영국의 작가로서 흔히 존슨 박사로 불렸

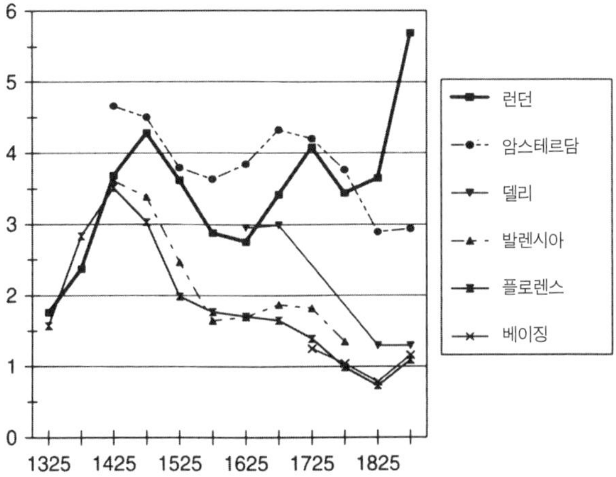

그림3. 노동자들의 실질임금과 최저생계비의 배율

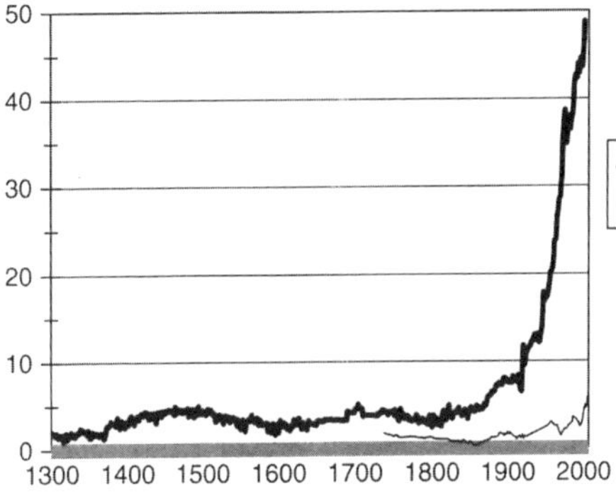

그림4. 런던과 베이징의 실질임금과 최저생계비 배율.

다)이 지적했듯이, 귀리는 '잉글랜드에서 보통 말에게 주는 곡물이었지만 스코틀랜드에서는 사람이 먹는 곡물이었다.' 잉글랜드 남부 노동자들도 희귀한 책, 거울, 설탕, 홍차 같은 18세기의 사치품을 구입할 수 있는 소득을 벌었다.

실질임금은 일인당 GDP만큼 격차가 극적으로 확대되었다. 그림4는 1300년부터 현재까지 런던 노동자들, 1738년부터 현재까지 베이징 노동자들의 실질임금을 보여준다. 1820년 런던의 실질임금은 이미 최저생계비의 3배였고 그 비율은 1870년 이후 급등하여 50배로 높아졌다.

그러나 가난한 나라들에서는 실질임금이 여전히 최저생계비 수준이다. 1990년 세계은행은 세계의 빈곤선을 하루 1달러(인플레이션으로 이후 1.25달러로 인상)로 설정했다. 현재 가난한 나라들의 빈곤선에 기초한 이 수치는 표2에서 정의된 최저생계 수준과 크게 다르지 않다. 그 수준은 2010년 가격으로 계산하면 평균적으로 일인당 하루 1.30달러가 된다. 오늘날 10억 명 이상(전 세계 인구의 15퍼센트)이 이 빈곤선 아래에서 살고 있고, 그 비율은 1500년보다 훨씬 높다. 베이징 노동자들은 19세기에도 이 범주에 속할 만큼 가난했다. 그리고 최근 수십 년 동안 중국 경제가 놀라울 만큼 성장했음에도 불구하고 중국 노동자들의 생활수준은 최저생계 수준보다 6배 더 높아졌을 뿐이다. 이는 영국 노동자들이 150년 전에 달성했던 수준이다.

이제 우리는 표1에 나타난 1820년의 낮은 소득을 제대로 평가할 수 있다. 1990년의 달러 가치로 표현된 당시 최저생계 수준은 하루 1달러, 즉 1년에 365달러였다. 1820년 사하라 이남 아프리카의 평균소득은 415달러였다. 이는 최저생계 수준보다 겨우 15퍼센트 높았고, 대다수 사람들은 최저생계 수준이었다. 보다 자본집약적인 농업 체계와 위계 사회를 가지고 있던 아시아와 동유럽 대부분 지역의 평균소득은 겨우 500~700달러에 불과했다. 대부분의 사람들이 최저생계 수준으로 생활했고 잉여는 국가, 귀족, 부유한 상인들이 빼앗아갔다. 북서유럽과 미국의 소득은 최저생계 수준보다 4~6배 높았다. 그림3에서 보이는 바와 같이 오직 이 지역 노동자들만이 최저생계 수준 이상으로 생활했다. 이 경제들은 또한 귀족과 상인들을 먹여 살리기에 충분히 생산적이었다.

최저생계 수준은 사회 후생과 경제 진보에 또다른 함의를 지닌다. 첫째, 최저생계 수준의 식단으로 살아가는 사람들은 키가 작다. 합스부르크 군대에 징병된 이탈리아인의 신장은 그들의 식단이 빵에서 죽으로 바뀌자 167센티미터에서 162센티미터로 줄어들었다. 이와는 대조적으로, 18세기 영국의 군인들은 영양이 좋았기 때문에 평균신장이 172센티미터였다. (오늘날 미국, 영국, 이탈리아 남성의 평균신장은 176~8센티미터이고, 네덜란드 백인 남성의 평균신장은 184센티미터이다.) 음식이 부족해 사람들의 신장이 줄어들면 평균수명도 짧아지고 건강 상태도 전반적으로 악화된다. 둘째, 최저생계 수준에서 생활하는 사람들은 교육 수준도 낮다. 1790년대 잉글랜드 노동자들의 소득과 지출 패턴을 조사한 프레더릭 에덴(Frederick Eden) 경은 일주일에 6펜스를 지출하고 두 아이를 학교에 보내는 런던의 어느 정원사에 관해 설명했다. 이 가족은 밀빵, 고기, 맥주, 설탕, 홍차를 구입했고, 그의 연수입 37.75파운드는 (10파운드가 조금 안 되는) 최저생계 수준의 약 4배였다. 만약 그들의 소득이 최저생계 수준으로 갑자기 줄어들었다면 지출을 아주 많이 절약해야 했을 것이고, 당연히 아이들이 학교에 가지 못하게 됐을 것이다. 높은 임금은 노동자들의 건강을 유지하고 교육을 확대하여 경제 성장에 기여했다. 마지막으로 그리고 가장 역설적으로, 최저생계 수준은 한 국가가 경제적으로 발전하기 위한 경제적 동기를 제거한다. 하루의 노동으로부터 더 많은 산출을 얻어내야 하겠지만, 이 경우 노동이 너무 값싸서 기업들이 굳이 생산성을 높일 기계를 개발하거나 도입할 인센티브가 없기 때문이다. 최저생계 수준은 빈곤의 덫이다. 산업혁명은 바로 높은 임금의 결과였다. 산업혁명은 높은 임금의 원인만이 아니었던 것이다.

제 2 장

서구의 발흥

세계는 왜 점점 더 불평등하게 되었을까? 지리, 제도, 문화 같은 '근본적 요인'과 '역사의 우연' 모두가 역할을 했다.

지리는 중요하다. 말라리아는 열대지방의 발전을 저해했고, 영국의 석탄층은 산업혁명의 기반이 되었다. 그러나 지리의 중요성은 기술과 경제적 기회에 달려 있기 때문에, 지리가 모든 것을 설명하는 경우는 거의 없다. 사실 기술의 목표 중 하나는 지리적 악조건의 부담을 줄이는 것이다. 예를 들어 18세기에는 석탄과 철광석 광산의 입지가 용광로 입지를 결정했지만, 오늘날에는 해양 운송 비용이 매우 저렴해서 일본과 한국은 오스트레일리아와 브라질로부터 석탄과 철광석을 수입한다.

문화는 경제적 성공을 설명하는 인기 있는 요인이었다. 예를 들어 막스 베버는 프로테스탄트주의의 영향으로 북유럽인들이 다른 이들보다 더욱 합리적이고 열심히 일했다고 주장했다. 베버의 이론은 프로테스탄트 영국이 가톨릭 이탈리아보다 부유했던 1905년에는 그럴듯해 보였다. 그러나 오늘날은 그 반대가 사실이며 베버의 이론은 더이상 지지될 수 없다. 또 다른 문화적 주장은 제3세계의 농민들이 전통적 방법을 고수하고 경제적 인센티브에 반응하지 못하기 때문에 가난하다고 주장한다. 그러나 사실은 그 반대이다. 가난한 나라의 농민들은 새로운 농작물과 방법을 실험하고, 이득이 되는 만큼 노동을 고용하며, 비용에 비해 효율적이라면 현대적인 비료와 종자를 도입하고, 부유한 나라의 농민들처럼 가격 변화에 반응하여 재배하는 작물을 바꾼다. 그들이 가난한 것은 농작물 가격이 낮기 때문이고, 그들이 적절한 기술 사용을 거부하기 때문이 아니라 그러한 기술이 부재하기 때문이다.

비합리성과 게으름을 이야기하는 문화적 설명은 의심스럽지만, 경제 성과에 영향을 미치는 문화의 특징들도 존재한다. 특히 읽고 쓰는 능력과 기본적인 계산력을 갖춘 사람이 많아지는 것은 17세기 이래 경제적 성공의 (충분조건은 아닐지라도) 필요조건이었다. 이러한 지적인 능력은 무역이 번창하고 과학과 기술이 발전하도록 도와준다. 읽고 쓰는 능력과 계산력은 대중 교육으로 확산되며, 대중 교육은 경제 발전의 보편적인 전략이 되었다.

정치적, 법적 제도의 중요성은 뜨거운 논쟁의 대상이다. 많은 경제학자들은 경제적 성공이 안정적인 재산권, 낮은 세금, 최소한의 정부의 결과라고 주장한다. 자의적인 정부는 높은 세금, 규제, 부패, 지대 추구—이 모두는 생산의 인센티브를 저해한다—로 이어지기 때문에 성장에 악영향을 미친다. 이러한 견해는 역사적으로 스페인과 프랑스의 절대왕정 혹은 중국, 로마, 아스텍 등의 제국이 국제무역을 금지하고, 재산권 또는 생명 그 자체를 위협하여 경제 활동을 억압했다고 주장한다. 물론 이러한 견해는 애덤 스미스를 비롯한 18세기 자유주의자들의 견해를 되풀이하는 것이다. 절대주의 정부를 민주정부로 대체하면 성공적인 경제 발전이 가능하다는 것이다. 1568년 네덜란드는 스페인의 지배에 대항하여 반란을 일으켰고 스스로 공화국을 선포했다. 네덜란드는 이후 급속히 성장했다. 17세기 초반 잉글랜드 경제는 합법성이 없는 세금을 물리고 강제공채(enforced loan)를 모집한 제임스 1세와 찰스 1세의 지배하에서 고통을 겪었다. 의회 없이 지배하려던 찰스의 시도는 실패로 돌아갔고, 시민전쟁이 발발하여 1649년 왕이 반역죄로 처형당했다. 왕정복고(Restoration) 이후 왕권과 의회 사이의 갈등이 계속되었지만, 결국 1688년 명예혁명으로 제임스 2세가 잉글랜드를 떠나고 의회는 왕위를 윌리엄과 메리에게 물려주었다. 의회가 권력을 쥐게 되자 절대주의는 억제되었고, 경제는 호황을 맞았다. 이것이 경제학자들의 역사이다.

그러나 경제학자들이 잉글랜드의 제도가 우월하다고 찬양할 때, 역사가들은 절대왕정과 동양의 전제주의가 어떻게 실제로 성공적이었는지 연구해왔다. 흔히 역사가들은 절대왕정과 전제주의가 평화, 질서, 좋은 정부를 촉진했다고 보고한다. 그 결과 무역이 번창했고, 지역적 전문화가 발달했으며 도시가 발전했다. 지역이 더욱 전문화됨에 따라 '스미스적인 성장(Smithian growth)'이라 불리는 과정을 따라 국민소득이 증가했다. 이러한 번영에 가장 큰 위협은 황제의 착취나 간섭이 아니라, 문명의 부에 이끌린 야만인들의 침공이었다.

첫번째 세계화

제도, 문화, 지리는 언제나 경제 성장의 배경에 숨은 요인이었던 반면, 기술 변화, 세계화, 경제 정책은 불균등 발전의 보다 직접적인 원인이었음을 알 수 있다. 게다가 산업혁명 자체가 콜럼버스, 마젤란을 비롯한 위대한 탐험가들의 항해와 함께 15세기 말에 시작된 세계화의 첫번째 단계의 결과였다. 따라서 대분기는 첫번째 세계화와 함께 시작된다.

세계화에는 대양을 항해할 수 있는 배가 필요했다. 15세기까지 유럽인들에게는 그런 선박이 없었다. 새롭게 발명된 '전장(full-rigged)' 범선에는 세 개의 돛대—전면과 중간에는 사각돛, 고물에는 삼각돛—가 있었다. 이 배들은 선체가 더욱 튼튼해지고 노 대신 키를 조종에 사용한 덕에 전 세계를 항해할 수 있었다.

전장범선의 상업적 영향은 유럽에서 처음 나타났다. 15세기에 네덜란드는 폴란드의 곡물을 단치히에서 네덜란드까지 선박으로 수송하기 시작했고, 16세기 말에는 스페인, 포르투갈, 지중해로 수송했다. 이후에는 직물을 실어 날랐다. 중세에는 이탈리아의 도시들이 직물 산업을 지배했지만, 잉글랜드와 네덜란드의 제조업자들은 이탈리아의 직물을 본떠서 가벼운 소모사(worsted) 직물을 만들어냈다. 17세기 초에 이르자 지중해 전역에 이 '새로운 포목'이 가득찼고, 잉글랜드와 네덜란드가 이탈리아를 경쟁에서 밀어냈다. 이는 결정적인 변화였으며 이후로 유럽의 제조업은 북서유럽으로 중심이 이전되었다.

그러나 전장범선의 가장 극적인 영향은 대발견 항해(voyages of discovery)였다. 인도, 아랍, 베네치아의 상인 네트워크는 아시아로부터 중동을 가로질러 유럽으로 후추와 향료를 수송했는데, 포르투갈인들은 대양 항로를 통해서 이들과의 경쟁에서 이기기를 희망했다. 15세기에 포르투갈인들은 동양으로 가는 항로를 찾아 아프리카 해안을 따라 남쪽으로 항해했다.

1498년 바스코 다 가마가 인도 코친에 도착해 배에 후추를 가득 실었다. 코친의 후추 가격은 유럽의 약 4퍼센트에 불과했다. (그림5) 가격의 96퍼센트는 항해 비용이었다. 1760년이 되자 그림5에서 보이듯 인도와 잉글랜드의 가격 차이가 85퍼센트나 감소했다. 이는 대양 항로의 효율성이 주는 이득을 나타낸다. 그러나 16세기에는 오직 포르투갈만이 운송 비용의 감소에서 이득을 얻었다. 포르투갈 국영 무역회사가 가격을 중세 수준으로 유지했고 비용의 감소분만큼을 이윤으로 가져갔기 때문이었다. 17세기 초 잉글랜드와 네덜란드의 동인도회사가 등장한 뒤에야 포르투갈의 해상 독점이 붕괴되었고 유럽의 후추 가격은 3분의 2 하락했다. 인도의 판매자가 받는 가격은 아주 약간 상승했다. 결국 아시아와의 무역으로부터 나오는 효율성의 이득은 대부분 유럽 소비자들에게 돌아갔다.

물론 제노아의 선원 크리스토퍼 콜럼버스는 유럽에서 서쪽으로 항해하여 직접 아시아로 가는 대안 항로를 제시했다. 그는 그의 탐험을 지원하도록 스페인의 페르디난드 국왕과 이사벨라 여왕을 설득했고, 결국 1492년 10월 12일 바하마에 상륙했다. 그는 동인도에 도착했다고 확신했으나 그가 '발견한' 것은 아메리카였다. 이 발견은 세계사를 바꾸었다.

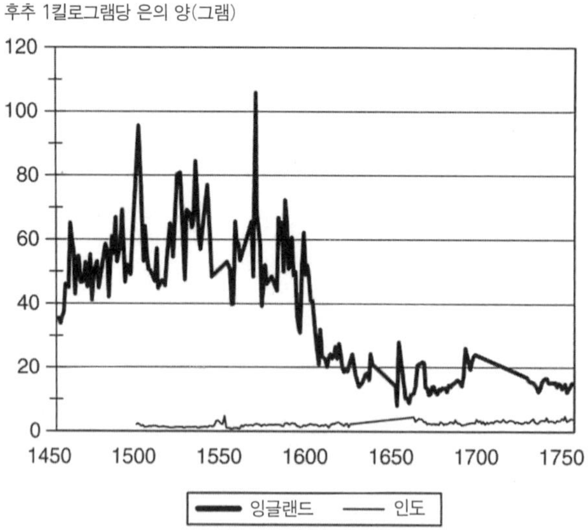

그림5. 1600년 물가로 조정된 후추의 가격

콜럼버스와 다 가마의 항해는 제국을 향한 쟁탈전을 촉발했고, 포르투갈과 스페인이 초기의 승자였다. 포르투갈은 디우에서 (1509년과 1538년) 두 차례 벌어진 전투에서 베네치아, 오토만, 아시아 군대를 격파했고 인도양에서 헤게모니를 확립했다. 그후 인도네시아로 동진하면서 그 경로를 따라 식민지들을 건설했다. 결국 포르투갈은 육두구(nutmeg), 정향, 메이스 등이 나는 전설적인 향료 섬(인도네시아의 몰루카 제도)에 닿았다. 포르투갈은 1500년에 포르투갈의 최대 식민지가 된 브라질 또한 우연히 발견했다.

스페인 제국은 더욱 부유했다. 스페인 최대의 성공은 1521년 에르난 코르테스(Hernán Cortés)의 아스테카 제국 정복과 11년 후 프란시스코 피사로(Francisco Pizarro)의 잉카 제국 정복이었다. 두 경우 모두 화포, 말, 속임수, 천연두가 결합되어 소규모 스페인 군대로 수많은 토착 군대를 격파했다. 스페인은 아스텍과 잉카를 약탈하여 엄청난 부를 얻었다. 정복 이후 그들은 볼리비아와 멕시코에서 대규모 은광을 발견했다. 스페인은 엄청나게 유입된 은으로 합스부르크 군대에게 유럽을 가로질러 프로테스탄트와 전투를 하도록 돈을 지불했고, 유럽인들이 아시아 상품들을 사도록 현금을 제공했으며, 가격혁명이라 알려진 수십 년 동안의 인플레이션을 겪었다.

16세기에는 북유럽에서 제국주의적 착취가 심하지는 않았다. 잉글랜드는 1497년 조반니 카보토(Giovanni Caboto)를 서쪽으로 보냈고, 그는 케이프브레턴, 즉 오늘날의 뉴펀들랜드에 도착했다. 비록 바스크의 선원들이 수백 년 동안 그랜드뱅크스에서 고기잡이를 해왔지만, 이것은 발견으로 인정되었다. 프랑스는 1530년대와 1540년대에 자크 카르티에(Jacques Cartier)를 캐나다로 세 차례 출항시켰다. 북미 토착민들과의 털가죽 무역은 멕시코나 몰루카와의 무역에 비해서는 규모가 크지 않았다.

북유럽인들이 중요한 제국주의자들이 된 것은 17세기에 이르러서였다. 그들이 선호하는 조직은 제국주의를 사기업과 결합한 동인도회사였다. 이 기업들은 보통 자본금 규모가 큰 주식회사였다. 아시아나 아메리카와 무역을 했고 군사력과 해군을 보유했으며 해외에 요새화된 무역 거점을 건설했다. 북유럽의 모든 강대국이 이런 회사를 거느렸다. 잉글랜드의 동인도회사는 1600년 설립되었고 네덜란드도 2년 후 같은 회사를 설립했다.

네덜란드의 동인도회사는 포르투갈을 꺾고 아시아에 네덜란드 제국을 건설했다. 네덜란드는 1605년 몰루카, 1641년 말라카, 1658년 실론, 1662년 코친을 점령했다. 1619년 네덜란드는 자카르타를 인도네시아 식민지의 수도로 삼았다. 네덜란드는 또한 1630년대와 1640년대에 브라질을 점령했다. 그리고 카리브 해의 설탕 섬들을 식민화하고 1624년 뉴욕, 1652년 남아프리카 케이프 식민지(Cape Colony)를 만들었다.

잉글랜드도 17세기에 제국을 건설했다. 1612년 아시아에서 영국의 동인도회사는 수랏의 스왈리 해전에서 포르투갈을 격파했다. 이후 요새화된 무역 거점을 수랏(1612년), 마드라스(1639년), 봄베이(1668년), 캘커타(1690년)에 건설했다. 1647년에 동인도회사는 인도에 23개 지점을 보유했다. 아메리카에서는 다양한 개인들과 집단들이 식민지를 건설했다. 1607년 버지니아의 제임스타운이 첫번째 성공 사례였다. 유명한 플리머스 식민지가 1620년에 건설되었고 10년 후에 훨씬 더 중요한 매사추세츠베이 식민지가 건설되었다. 1620년대에는 바하마, 1630년대에는 카리브 해 열도가 점령되었다. 1655년에 자메이카가 식민지로 추가되었다.

잉글랜드 정부는—특히 네덜란드를 이기고—제국을 적극적으로 확장했다. 그 첫 단계는 공화정 시기(1640~1660)의 올리버 크롬웰(Oliver Cromwell)이 시작했고, 왕정복고 이후 계속되었다. 해군에 대한 지출이 크게 증가했다. 중상주의적 수단이었던 최초의 항해법(Navigation Acts)이 1651년 통과되었는데, 이는 네덜란드가 대영제국과 무역을 하지 못하도록 금지하기 위한 목적이었다. 첫번째 잉글랜드-네덜란드 전쟁(1652~1654)은 상업적 이득을 추구하기 위한 것이었지만 성공적이지 않았다. 1660년 찰스 2세의 왕정복고 이후 항해법이 재도입되었고 확대되었다. 왕립이 된 해군이 확대되었고 1655~1657년과 1672~1674년에 네덜란드와 더 많은 전쟁을 치렀다. 잉글랜드는 1663년 뉴욕을 점령했다. 잉글랜드 식민지가 조지아에서 메인에 이르는 미국 해안을 따라 건설되었다. 이 식민지 경제는 담배, 쌀, 밀, 육류를 잉글랜드와 카리브 해 지역에 수출하며 급속하게 성장했다. 1770년에는 영국령 아메리카의 인구가 280만 명, 즉 영국 인구의 절반에 달했다.

잉글랜드, 네덜란드와 그 식민지 사이의 무역은 이들의 경제를 발전시켰다. 도시와 수출 주도 제조업이 성장했다. 이에 따라 직업 구조도 변화했다. 표3에서는 유럽 주요 국가들의 인구를 세 가지 집단—농업, 도시, 농촌의 비농업—으로 나누어 볼 수 있다. 중세에는 인구의 약 4분의 3이 농업에 종사했고 대부분의 제조업은 도시에서 도맡았다. 그리고 '농촌의 비농업 인구'는 마을의 장인, 성직자, 마부, 농촌의 하인들로 구성되었다. 1500년에는 이탈리아와 스페인이 최고의 제조업 제품을 생산하는 최대 도시들을 지닌 가장 발전한 경제였다. 저지대 국가들(주로 현대의 벨기에)은 이러한 경제의 확장판이었다. 네덜란드 인구는 매우 적었고 잉글랜드는 주로 양을 기르는 지역 이상이 아니었다.

표3. 1500~1750년 부문별 인구 비중(%)

	1500			1750		
	도시	농촌의 비농업	농업	도시	농촌의 비농업	농업
대전환						
잉글랜드	7	18	74	23	32	45
상당한 근대화						
네덜란드	30	14	56	36	22	42
벨기에	28	14	58	22	27	51
약간의 변화						
독일	8	18	73	9	27	64
프랑스	9	18	73	13	26	61
오스트리아/헝가리	5	19	76	78	32	61
폴란드	6	19	75	4	36	60
거의 변화 없음						
이탈리아	22	16	62	22	19	59
스페인	19	16	65	21	17	62

그러나 산업혁명의 전야 즈음에 광범위한 변화가 발생했다. 잉글랜드가 가장 크게 변화한 국가였다. 잉글랜드에서 농업에 종사하는 인구의 비중은 45퍼센트로 하락했다. 또 잉글랜드는 유럽에서 가장 급속하게 도시화되었다. 런던 인구는 1500년 5만 명에서 1600년 20만 명, 1700년 50만 명으로 증가했고 1800년에는 100만 명이 되었다. 1750년 잉글랜드에서 '농촌의 비농업 인구 비중'은 32퍼센트였다. 이들 대부분은 제조업에 종사했고 이들이 생산한 제품은 유럽을 가로질러 때로는 전 세계로 팔려나갔다. 예를 들어 옥스퍼드셔 위트니의 장인들은 허드슨베이 컴퍼니에 담요를 팔았는데 이 회사는 이 담요를 캐나다 토착민의 모피와 교환했다. 저지대 국가들의 경제도 이와 비슷하게 발전했다. 네덜란드는 잉글랜드보다 더욱 도시화되었고, 대규모의 수출 지향적인 농촌 산업도 있었다. 유럽의 나머지 지역은 훨씬 덜 변화했다. 대륙의 강국들에서는 농업에 종사하는 인구의 비중이 크게 감소하지 않았다. 따라서 도시화나 농촌 산업의 발전도 제한적이었다. 스페인과 이탈리아는 각 산업에 종사하는 인구 비중이 거의 변화가 없어서 정체된 것처럼 보였다.

스페인은 특히 불운했다. 16세기에 스페인은 라틴아메리카로부터 막대한 은을 수탈하여 가장 성공적인 제국주의 국가처럼 보였다. 그러나 은 수입은 다른 곳보다 훨씬 높은 인플레이션을 스페인에 가져다주었다. 그 결과로 스페인의 농업과 제조업은 경쟁력이 약화되었다. 스페인 전체의 도시 인구 비중은 변하지 않았지만 그 안에는 커다란 변화가 감추어져 있다. 즉 마드리드가 라틴아메리카 수탈에 기초하여 크게 성장하는 동안 다른 산업도시의 인구는 급감했다. 세계화는 북서유럽 국가들의 발전을 촉진했지만 남유럽을 정체시켰다.

세계 경제의 성공은 경제 발전에 다음과 같은 주요한 함의를 지녔다.

첫째, 도시화와 농촌 제조업의 성장은 노동에 대한 수요를 증가시켜 노동시장을 타이트하게 만들고 임금을 끌어올렸다. 런던과 암스테르담의 생활수준 역시 향상되었다. (그림3)

둘째, 도시와 고임금 경제의 발전은 식품 생산을 위한 농업과 노동의 수요를 크게 증가시켰다. 그 결과로 잉글랜드와 네덜란드 모두에서 농업혁명이 나타났다. 두 나라 모두에서 농업 노동자 일인당 산출이 50퍼센트 가까이 증가하여 유럽에서 최고 수준에 도달했다.

셋째, 도시의 수요 증가로 잉글랜드와 네덜란드 모두에서 에너지 혁명이 발생했다. 중세에는 석탄과 장작이 도시의 주요한 연료였다. 도시가 성장하고 나무 가격이 급등하자 대체 연료가 발전했다. 네덜란드에서 대체 연료는 이탄(peat)이었고, 잉글랜드에서는 석탄(coal)이었다. 더럼과 노덤버랜드에서

100만 영국 열량단위당 은의 양(g)

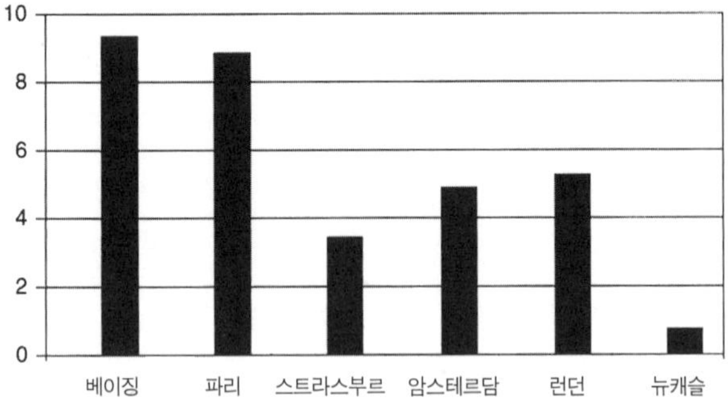

그림6. 에너지 가격

표4. 1500년과 1800년의 성인 식자율(자신의 이름을 서명할 수 있는 성인 인구의 비율)

	1500	1800
잉글랜드	6	53
네덜란드	10	68
벨기에	10	49
독일	6	35
프랑스	7	37
오스트리아/헝가리	6	21
폴란드	6	21
이탈리아	9	22
스페인	9	20

채굴된 석탄은 런던으로 이송되었다. 잉글랜드는 18세기에 대규모 석탄 광산업을 지닌 유일한 나라였고, 그림6이 보여주듯 석탄은 세계에서 가장 싼 에너지원을 잉글랜드에 제공했다.

넷째, 고임금 경제는 전반적으로 식자율(literacy), 계산력, 숙련의 형성을 촉진했다. 표4는 1500년과 1800년의 (자신의 이름을 서명할 수 있는 능력으로 측정된) 식자율의 추정치를 보여준다. 식자율은 유럽 전역에서 상승했지만, 북서유럽에서 가장 뚜렷했다. 프랑스 북동부, 벨기에, 라인 강 계곡—모두 가톨릭 지역이다—의 식자율이 네덜란드나 잉글랜드와 비슷하게 높았기 때문에 흔히 이야기되는 것과 달리 종교개혁이 이 상승을 설명하지는 못한다. 식자율 상승은 고임금, 상업 경제의 등장 때문이었다. 상업과 제조업의 확대는 교육을 경제적으로 가치 있게 만들어서 교육에 대한 수요를 끌어올렸다. 동시에 고임금 경제는 부모에게 자식들의 교육비를 지급할 수 있는 돈을 제공했다.

제 3 장

산업혁명

산업혁명(대략 1760년부터 1850년까지)은 세계사의 전환점이었다. 경제 성장이 지속되는 새로운 시대를 열었기 때문이다. 산업혁명은 이름에서 느껴지는 급격한 단절이 아니라 앞장에서 논의한 초기 근대 경제의 전환의 결과였다. GDP가 8~10퍼센트씩이나 성장했던 최근의 성장 기적을 기준으로 보면, 1760년 이후 100년간의 경제 성장률(연 1.5퍼센트)은 매우 낮은 것이었다. 그러나 영국은 선도자로서 세계의 첨단기술을 계속 확장해나가고 있었다. 언제나 다른 국가들이 선도자의 기술을 수입하여 추격해 급속하게 성장하는 방식보다는 속도가 느린 것이었지만 말이다. 게다가 영국 산업혁명의 위대한 성취는 경제가 계속 성장하여 소득이 지속적으로 증가했고, 이것이 오늘날 대중의 번영을 가져왔다는 것이다.

기술 변화가 산업혁명의 동력이었다. 증기기관, 면방적기와 면방직기 그리고 나무 연료 대신 석탄을 사용하여 철강을 제련하는 새로운 과정 같은 유명한 발명들이 나타났다. 또 모자, 핀, 못 등 그다지 첨단은 아닌 산업에서도 노동생산성을 상승시킨 갖가지 단순한 기계가 등장했다. 그리고 수많은 새로운 영국산 제품이 등장했다. 그중 많은 것은 웨지우드 도자기처럼 아시아의 제조업자들로부터 자극받은 것이었다.

19세기의 기술자들은 18세기의 기계 발명을 전반적으로 더욱 확장했다. 증기기관이 철도와 선박의 발명과 함께 운송 분야에 적용되었다. 동력으로 움직이는 기계류도 처음에는 방직기에 국한되었다가 산업 전반에 적용되었다.

중요한 질문은 왜 혁명적 기술이 네덜란드나 프랑스, 중국이나 인도가 아니라 잉글랜드에서 발명되었는가 하는 것이다.

문화적, 정치적 배경

산업혁명은 혁신을 촉진한 특수한 정치적, 문화적 배경에서 일어났기 때문에 그러한 배경이 이 질문에 답을 줄지도 모른다.

잉글랜드 헌법은 유럽의 자유주의자들과 현대 경제학자 모두에게 모범이었다. 그러나 이는 전혀 민주적이지 않았다. 잉글랜드인의 3~5퍼센트와 그보다 더 적은 스코틀랜드인만이 투표할 수 있었다. 국왕이 여전히 상당한 권력—특히 전쟁과 평화에 관한 권력—을 쥐고 있었다. 의회는 전쟁에 대한 금융 지원을 거부할 헌법적 권리가 있었지만, 결코 행사하지 않았다.

과세 제한과 재산권의 안정성을 강조하는 현대의 경제학자들이 역설한 특징과는 달랐지만, 잉글랜드 헌법에는 경제 성장을 촉진하는 많은 특징이 있었다. 의회의 지배는 사실 경제 성장과 반대되는 결과를 낳았다. 반면 프랑스의 국왕들은 절대왕정을 주장했지만, 동의 없이는 세금을 올릴 수 없었다. 특히 공공재정의 위기는 루이 16세가 1789년 삼부회(États généraux)를 소집하도록 강제하여 프랑스대혁명을 낳았다. 프랑스의 귀족은 세금에서 면제되었지만, 잉글랜드 의회는 1693년 평민과 귀족 모두에게 토지세를 부과했다. 그러나 대부분의 조세 수입은 맥주 같은 소비재와 설탕, 담배 같은 수입품에 매기는 소비세에서 나왔다. 이 세금은 의회에서 대표되지 않았던 노동자들이 주로 부담을 졌다. 의회가 국왕을 견제했을 수도 있지만, 민주주의가 부재한 상황에서 의회는 과연 누가 견제할 수 있었을까?

결국 잉글랜드 정부는 프랑스 정부에 비해 일인당 거의 2배나 되는 세금을 걷었고 국민소득에서 차지하는 정부지출 비중이 프랑스에 비해 높았다. 이러한 지출이 경제 성장을 촉진했는지는 논쟁의 여지가 있다. 대부분의 자금은 군대와 해군으로 흘러들어갔다. 군대는 때때로 해외에 파견되었지만, 기계화를 반대하거나 민주주의를 지지하는 집회를 진압하여 국내 질서를 유지하는 데 언제나 사용이 가능했다. 해군은 대영제국을 확장하고 영국의 상업을 발전시키는 데 사용되었다. 제국주의는 고임금 경제의 기초였고, 고임금은 다시 노동을 절약하는 기술 변화를 촉진하여 경제 성장을 가져왔기 때문에 노동자들도 제국주의로부터 이득을 얻었다. 루이 16세가 세금을 매길 권력이 있었다면, 그는 프랑스 해군을 전쟁과 평화에 대응하여 확대하거나 축소하지 않고 언제건 출동할 수 있도록 항구적으로 유지하여 프랑스의 번영을 이끌었을지도 모른다.

영국에서는 사람들의 의사에 반해 그들의 재산을 몰수할 수 있는 의회 권력 또한 경제 성장을 촉진했다. 프랑스에서는 불가능한 일이었다. 사실 프랑스는 재산권이 너무 안정적이었기 때문에 성장에 실패했다고 주장할 수 있다. 수익성을 높이는 관개 프로젝트가 프로방스 지역에서는 실행되지 못했다. 토지 수용이나 운하 건설, 토지를 가로지르는 도로 건설에 반대하는 재산권 소유자들의 권리를 무효로 하는 영국 의회의 사법률〔private acts. 특정 지역이나 특정인에게만 영향을 미치는 법률〕 같은 것이 프랑스에는 없었기 때문이다. 명예혁명이 현실에서 의미했던 바는 '1688년 이전에는 간헐적으로만 존재했던' 국가의 '독재적인 권력'이 이후로는 언제나 존재하게 되었다는 것이었다.

유리한 정치 체제뿐 아니라 새로이 등장한 과학 문화도 산업혁명을 떠받쳤다. 17세기의 과학혁명은 자연세계에 관한 몇몇 발견들로 이어졌고, 18세기 발명가들은 이를 응용했다. 또 자연철학의 성공은 사람들이 과학적 방법을 신뢰하도록 만들었다. 관찰에 의해 발견될 수 있고, 사람들의 삶을 개선하는 데 적용할 수 있는 자연법칙들에 의해 세계가 지배된다는 관점이었다. 뉴턴의 태양계 모델이 가장 대단한 성취였고, 이는 종교와 자연에 관한 상류층의 생각을 새로이 변화시켰다.

대중문화가 이러한 새로운 변화와 얼마나 관련이 있었는지는 여전히 해결되지 않은 문제이다. 많은 노동계급 발명가가 뉴턴의 모델을 적용한 사례들이 존재한다. 예를 들어 존 해리슨(John Harrison)은 뉴턴주의의 소논문이었던 손더슨(Saunderson)의 강연록을 한 목사로부터 빌려서 복사했다. 뉴턴에 대한 이러한 관심이 해리슨으로 하여금 항해용 시계(chronometer)를 발명하도록 만들었을까? 이와 반대로 마법에 대한 대중의 열광은 계속되었다. 마법은 과학에 대한 중세적인 대안이었다. 당시에는 더 많은 사람이 뉴턴의 운동법칙보다 마법을 믿었던 것으로 보인다. '마법의 포기는 사실상 성경을 포기하는 것이다'라는 견해를 보였던 존 웨슬리의 설교는 수백만 신도들을 끌어들였다.

대중문화를 직접적으로 변화시킨 것은 뉴턴의 『프린키피아』보다 사회의 변화였다. 가장 강력한 변화는 도시화와 상업의 발전이었다. 이로써 읽고 쓰는 능력과 계산력이 더욱 중요해져 대중의 지식이 발전했다. 18세기에는 장인, 기능공, 상점주인, 농부의 아들 대부분과 노동자의 아들 일부가 몇 년 동안의 기초교육을 받았다. 그 결과 전례가 없을 만큼 대중들이 신문을 읽고 정치를 지켜보기 시작했다. 그것은 톰 페인(Tom Paine) 같은 급진주의자가 『인간의 권리The Rights of Man』라는 책을 수십만 권 팔아서 유명해질 수 있었을 만큼 새로운 세계였다.

산업혁명에 관한 설명

과학의 발견들은 유럽 전역에 알려졌고, 자연철학에 대한 상류층의 관심은 보편적인 것이었다. 그러므로 이러한 문화적 발전으로는 왜 영국에서 산업혁명이 일어났는지 설명할 수 없다. 대신 산업혁명에 대한 설명은 영국의 독특한 임금과 가격 구조에서 찾아야 한다. 고임금과 값싼 에너지에 기초한 영국 경제에서는 기업들이 산업혁명을 일으킨 혁신적인 기술을 발명하고 사용하는 것이 이익이 되었다.

1장과 2장에서 우리는 영국의 임금이 대부분 사람들이 귀리로 연명하는 정도가 아니라 빵, 쇠고기, 맥주를 먹을 수 있을 정도로 충분히 높았음을 살펴보았다. 더욱 중요한 것은 기술과 관련해서 볼 때 영국의 임금이 자본의 가격에 비해 높았다는 것이다. (그림7) 1500년대 후반에는 자본 서비스의 가격과 비교한 임금이 잉글랜드 남부나 유럽 대륙을 대표하는 프랑스, 오스트리아에서 모두 비슷했다. 그러나 18세기 중반이 되자 자본에 대한 노동의 가격이 대륙의 국가들에 비해 잉글랜드에서 60퍼센트 더 비쌌다. 아시아와 비교할 수 있는 최초의 시기는 19세기 초반인데, 당시에는 프랑스나 오스트리아에 비해 인도에서 노동의 값이 더욱 쌌다. 따라서 생산을 기계화할 인센티브가 인도에서는 더욱 작았다.

에너지도 마찬가지였다. 영국, 특히 북부와 중부의 탄광 지역에서는 에너지가 세계에서 가장 쌌다. 따라서 다른 어떤 지역에서보다 영국에서 노동과 비교한 에너지 가격이 훨씬 더 낮았다.

이러한 임금과 가격 차이의 결과, 잉글랜드 기업들은 값싼 에너지와 자본을 더 많이 사용하여 값비싼 노동을 절약하면

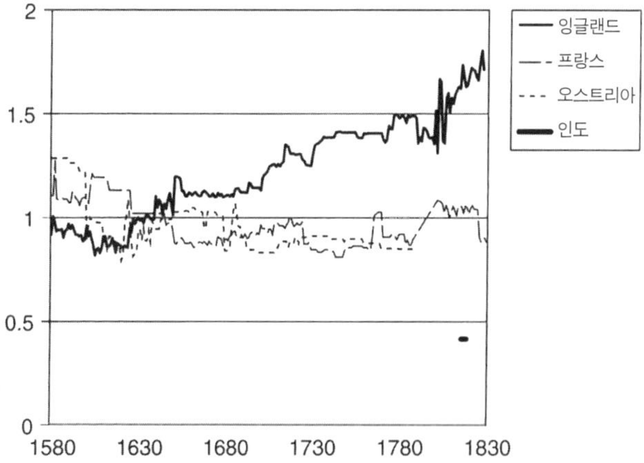

그림7. 자본 서비스 가격 대비 임금의 변화

이윤이 더욱 늘어난다는 것을 발견했다. 더 많은 자본과 에너지를 사용할 수 있게 되자 영국 노동자들은 더욱 생산적이 되었다. 이것이 바로 경제 성장의 비밀이었다. 아시아와 아프리카에서는 노동이 쌌기 때문에 정반대 결과가 나타났다.

면직 산업

에릭 홉스봄은 다음과 같은 유명한 구절을 썼다. "산업혁명을 말하는 이라면 누구나 면화에 관해 이야기한다." 18세기 중반 면직 산업은 규모가 매우 작았지만 1830년에는 GDP의 8퍼센트, 제조업 일자리의 16퍼센트를 차지하는 영국 최대의 산업으로 성장했다. 면직 산업은 공장 생산에 의해 변화된 최초의 산업이었다. 면직 산업의 성장은 맨체스터와 잉글랜드 북부, 스코틀랜드의 많은 소도시의 폭발적인 성장으로 이어졌다. 영국의 면직 산업이 성장하자 인도, 중국, 중동 지역의 면직 산업이 희생되었다. 결국 이 국가들이 다시 산업화될 때 면직 산업은 이들이 발전시킨 최초의 산업 중 하나였다.

17세기에는 중국과 인도의 면직 산업이 세계 최대였다. 벵갈, 마드라스, 수라트는 인도양을 가로질러 멀리 서아프리카까지 면직물을 수출했다. 면화는 아시아와 아프리카의 소규모 중심지들에서도 생산되었다. 17세기 말에 여러 동인도회사들은 면화 캘리코〔얇은 인도산 면직물〕와 모슬린〔면사를 촘촘하게 짠 직물〕을 유럽으로 실어 날랐다. 이는 유럽의 주요한 직물이었던 리넨, 양모와 유럽에서 성공적으로 경쟁했다. 이 면직물들은 매우 성공적이어서 프랑스는 1686년 수입을 금지했고 잉글랜드는 국내 소비를 제한했다. 그러나 서아프리카에 커다란 수출 시장이 있었고 거기서 면직물은 노예와 교환되었다. 이 시장에서 잉글랜드의 면직물은 인도의 면직물과 경쟁했다.

국제 경쟁은 면사 방적의 기계화를 촉진했다. 면화의 품질이 좋을수록 방적하는 데는 더 오랜 시간이 걸렸다. 잉글랜드에서는 임금이 매우 높아서 가장 거친 면직물 분야에서만 인도와 경쟁이 가능했다. 품질이 더 좋은 직물은 커다란 시장이 존재했지만, 잉글랜드는 노동을 절약하는 기계가 발명되어야만 이 시장에서 경쟁할 수 있었다. 그 시장의 규모가 상당히 컸다. 1750년 벵갈에서는 매년 약 8500만 파운드의 면직물을 방적한 반면 영국은 겨우 300만 파운드에 불과했다. 면사 생산을 기계화려는 수많은 시도가 나타났다. 1760년대 중반에 발전된 제임스 하그리브스(James Hargreaves)의 제니 방적기가 상업적으로 최초로 성공한 기계였고, 이후 리처드 아크라이트(Richard Arkwright)의 수력 방적기가 등장했다. 1770년대에 발명된 새뮤얼 크럼프턴(Samuel Crompton)의 뮬 방적기가 제니 방적기와 수력 방적기를 결합하여(그로 인해 말과 당나귀의

잡종인 노새라는 이름을 얻게 되었다) 100년 동안 기계화된 방적 산업의 기초가 되었다.

이러한 기계들은 과학적 발견에 빚진 것이 아니었다. 어떤 것도 엄청난 사고의 발전과는 관련되어 있지 않았다. 대신 안정적으로 작동하는 설계를 만들어낸 수년 동안의 실험 공학을 필요로 했다. '발명은 1퍼센트의 천재와 99퍼센트의 노력'이라는 토머스 에디슨의 말은 면직 산업에 잘 들어맞았다.

따라서 왜 영국에서 산업혁명이 일어났는가를 설명하려면, 왜 영국의 발명가들이 그렇게 많은 시간과 돈을 대개는 진부한 아이디어를 실행하느라 연구개발(즉 에디슨의 '노력')에 쏟았는가를 설명하는 것이 핵심이다. 그들이 발명한 기계들이 노동을 절약하기 위해 자본을 더 많이 사용하는 것이었다는 점이 중요하다. 결국 노동이 비싸고 자본이 싼 곳에서 기계를 사용하면 이익이었는데, 잉글랜드가 바로 그런 곳이었다. 다른 어떤 곳에서도 기계가 이익이 되지 않았다. 이것이 바로 산업혁명이 영국에서 일어난 이유이다.

면사는 3단계를 거쳐서 만들어진다. 1단계에서 많은 면화 꾸러미를 열어 먼지와 부스러기를 제거한다. 2단계는 면화를 가지런하게 만드는 과정인데, 면화를 핀이 박힌 카드 사이로 끌어당겨 조사(roving)라 불리는 느슨한 가닥들로 정렬한다. 3단계에서 조사로부터 면사를 자아낸다. 기계가 사용되기 전에는 가는 면사를 만드는 데 플라이휠과 드롭스핀이 사용되었고, 거친 면사를 만드는 데는 물레가 사용되었다. 각 단계마다 잡아당기고 늘려서 더욱 가늘고 강하게 만들기 위해 조사를 꼬았다. 그리고 마지막으로 물렛가락에 감은 면사를 직공에게 보낸다.

이 모든 단계가 기계화되었다. 리처드 아크라이트 최대의 업적은 기계가 논리적인 순서에 따라 배치된 공장(크롬포드 2번 공장)을 설계한 일이었다. 이 공장은 영국, 미국, 유럽 대륙의 초기 방적 공장의 모델이 되었다. 방적이 문제의 핵심이었고 적어도 1730년대부터 발명가들은 이에 관해 연구를 했다. 루이스 폴과 존 와이엇이 1740년대와 1750년대에 롤러 방적기를 발명했지만 이들의 버밍엄 공장은 늘 손해를 보았다. 1760년대에 발명된 제임스 하그리브스의 제니 방적기가 최초로 상업적인 성공을 거두었다. 이 기계는 많은 방추를 하나의 물레로 돌리고, 방적공의 손동작을 흉내낸 인장막대와 연결 장치를 사용하여 방적기를 더욱 발전시킨 것이었다. 아크라이트는 롤러를 사용한 자신의 수력 방적기를 완벽하게 만들기 위해 5년 동안 시계 제조공을 고용했다. 롤러가 돌면서 조사가 연속된 한 쌍의 롤러들에 잡아당겨져 늘어났고, 롤러들은 주름을 펴는 기계처럼 면화를 앞으로 밀어 보냈다. 각 쌍의 롤러들은 이전의 롤러보다 더욱 빠르게 돌아서, 면사를 서로 당기면서 더욱 길고 가늘게 만들었다.

크럼프턴의 뮬 방적기는 최후의 위대한 방적기였다. 하그리브스가 만든 제니 방적기의 인장막대를 아크라이트가 만든 수력 방적기의 롤러와 결합해 다른 어떤 기계보다도 면사를 더욱 가늘게 잣을 수 있는 기계를 만들었다. 제니 방적기와 수력 방적기 덕분에 잉글랜드는 거친 면사 시장에서 인도의 생산자들과 경쟁할 수 있었다. 그리고 뮬 방적기 덕분에 잉글랜드는 가는 면사에서도 저비용의 경쟁력을 가지게 되었다.

이 기계들의 경제 효과는 비슷했다. 공통적으로 면사 1파운드를 생산하는 데 필요한 노동시간이 감소했다. 동시에 면사 1파운드당 필요한 자본이 증가했다. 따라서 방적기계는 노동이 값비싼 곳에서 비용을 더욱 크게 절약했다. 1780년대에 아크라이트 방적 공장을 건설하는 수익률은 잉글랜드에서는 40퍼센트였고 프랑스에서는 9퍼센트, 인도에서는 1퍼센트 미만이었다. 고정자본에 대해 투자자들이 15퍼센트의 수익을 기대했기 때문에, 1780년대 영국에서 아크라이트 방적 공장 150개가 건설되었고 프랑스에서는 4개가 건설되었다. 인도에서는 하나도 건설되지 않은 것이 당연한 일이었다. 제니 방적기의 상대적인 수익률도 그와 비슷했고, 따라서 프랑스대혁명 전야에 영국에는 제니 방적기 2만 개가 설치되었다. 프랑스에는 900개가 설치되었고 인도에는 하나도 도입되지 않았다.

프랑스나 인도에서는 방적기계를 사용하는 것이 이익이 나지 않았기 때문에 이를 발명하는 데 많은 시간과 돈을 쓸 이유가 없었다.

상황이 계속해서 유지되지는 않았다. 이것이 산업혁명이 다른 국가들로 퍼져나간 이유이다. 아크라이트의 방적 공장은 하그리브스의 제니 방적기보다 비용을 더 많이 절약하는 통합된 여러 기계들을 만들어냈다. 크럼프턴의 뮬 방적기는 가는 면사를 생산하는 비용을 절약했다. 다음 50년 동안 발명가들이 뮬 방적기를 개선하는 많은 발명을 내놓았다. 이는 노동뿐 아니라 자본의 사용도 절약해주었다. 1820년대가 되자 개선된 면사 방적기계가 유럽 대륙에 수익을 내며 설치될 수 있었다. 1850년대가 되자 멕시코나 인도 같은 저임금 경제에도 더욱 개선된 기계를 설치하는 것이 이익이 되었다. 1870년대가 되자 면사 생산 공장이 제3세계로 이전되기 시작했다.

증기기관

증기기관은 산업혁명에서 가장 혁명적인 기술이었는데, 그로 인해 기계 동력이 철도와 대양 선박 등 광범위한 산업에 사용될 수 있었기 때문이다.

증기력은 과학혁명의 부산물이었다. 대기압은 17세기 물리학의 뜨거운 주제 중 하나였다. 갈릴레오, 토리첼리, 폰 게리케, 하위헌스, 보일을 포함한 전 유럽의 유명한 과학자들이 이를 연구했다. 17세기 중반, 하위헌스와 폰 게리케가 실린더 안이 진공 상태가 된다면 대기압이 피스톤을 그 실린더 안으로 밀어넣는다는 것을 보였다. 1675년 프랑스인 드니 파팽은 이 아이디어를 사용하여 조야한 증기 기관을 최초로 만들었다. 1712년 더들리에서 토머스 뉴커먼(Tomas Newcomen)은 12년간 실험한 끝에 실용적인 증기기관을 완성했다. 뉴커먼의 증기기관은 물을 끓여서 만든 증기를 실린더에 채운 다음, 찬물을 실린더에 넣어 증기를 응축시켜 대기압이 피스톤을 실린더 속으로 밀어넣도록 만든 것이었다. 피스톤은 그것이 눌릴 때 펌프를 들어올리는 흔들리는 축에 연결되어 있었다.

증기기관은 발명을 추동하는 경제적 인센티브의 중요성을 잘 보여준다. 증기기관의 과학은 유럽 전체에 알려져 있었지만 연구개발은 잉글랜드에서 이루어졌다. 잉글랜드에서 증기기관을 사용하는 것이 이득이 되었기 때문이다. 뉴커먼이 증기기관을 만든 목적은 탄광의 물을 빼는 것이었고, 영국은 대규모 석탄 산업과 함께 다른 어떤 나라보다도 광산이 많았다. 또 초기의 증기기관은 엄청나게 많은 석탄을 사용했고, 따라서 에너지가 값싼 지역에서만 비용 면에서 효율적일 수 있었다. 1730년대에 존 테오필러스 드사귀에는 뉴커먼의 증기기관이 '그것 아니면 팔리지 않을 석탄 찌꺼기로부터 만들어지는 불의 힘이 광산들에서 (…) 이제 일반적으로 사용되고 있다.'라고 썼다. 뉴커먼의 증기기관은 다른 곳에서는 거의 사용되지 않았다. 영국에 석탄 산업이 존재하지 않았다면 과학의 발전에도 불구하고 증기기관은 발전하지 못했을 것이다.

증기력은 많은 목표에 적용할 수 있었고 전 세계에서 사용될 수 있는 기술이 되었지만, 이는 증기기관이 개선된 다음의 일이었다. 1840년대 들어서야 증기기관이 개선되었다. 존 스미튼, 제임스 와트, 리처드 트레비식, 아서 울프 같은 기술자들이 증기기관을 연구하고 개선하여 에너지가 덜 들고 동력은 원활하게 전달되도록 만들었다. 마력시(horse power-hour)당 석탄 소비량은 1730년대 뉴커먼의 증기기관이 44파운드였는데 크게 줄어들어 19세기 후반의 3단 팽창 선박용 증기기관은 1파운드에 불과했다. 영국의 대단한 기술자들은 증기기관 기술을 전 세계 어디에서 사용해도 이익이 날 수 있는 정도까지 개선하여 영국의 비교우위를 약화시켰다. 이는 산업혁명이 해외로 퍼져나가고 전 세계가 산업화되도록 해주었다.

계속되는 발명

산업혁명의 최대 업적은 18세기의 발명들이 이전 세기의 발명들처럼 일시적이지 않았다는 점이다. 18세기의 발명들은 계속되는 혁신의 물결을 촉발했다.

면직 산업은 여전히 혁신의 중심이었다. 18세기의 발명으로 방적은 공장 시스템으로 전환되었지만, 천을 짜는 방식은 여전히 오두막의 수제 베틀에 의존했다. 수십 년 동안 자신의 부를 동력 방직기를 개발하는 데 쏟아부은 에드먼드 카트라이트 목사가 이러한 현실을 바꿔놓았다. 그는 자크 드 보캉송(Jacques de Vaucanson)의 기계 오리 같은 자동인형에서 영감을 받았다. 이 오리는 퍼덕거리고 먹고 똥 싸는 것을 보여주어 베르사유 궁전을 놀라게 했다. (볼테르는 '보캉송의 오리가 없었다면 프랑스의 영광을 회고할 만한 것이 없었을 것이다.'라고 꼬집었다.) 기계가 그렇게 똥을 쌀 수 있다면 쓸모 있는 일도 할 수 있지 않을까? 카트라이트는 그렇게 생각했다. 그리고 1785년 첫번째 방직기 특허를 냈고 1792년에는 더욱 개선된 기계의 특허를 냈다. 그러나 상업적으로는 성공하지 못했다. 많은 발명가가 이를 조금씩 개선했다. 1850년대까지 수제 베틀이 쓰이기는 했지만, 1820년대가 되자 잉글랜드에서 동력 방직기가 수제 베틀을 대체하기 시작했다. 동력 방직기는 자본 비용을 크게 높였고 노동 비용을 크게 낮추었다. 따라서 동력 방직기의 도입은 두 가지 직조 방법의 상대적인 효율성뿐 아니라 요소가격에도 민감했다. 그러므로 동력 방직기가 영국에서보다 미국에서 더욱 빠르게 도입되었다는 것은 특히 중요한 일이다. 1820년대에 미국의 임금은 이미 영국보다 높았다. 기술 혁신의 패턴은 바로 그 차이를 반영한 것이었다.

면직 산업은 또한 증기력을 공장에 적용하는 길을 열었다. 물론 이전에 실험들이 발전되었다. 1784년 볼턴과 와트는 그들의 증기기관을 보급하기 위해 최초의 대규모 증기 동력 공장인 앨비언 밀가루 공장에 투자했다. 그러나 1840년대까지 대부분의 공장들은 수력으로 가동했다. 연료 소비가 크게 줄어들면서부터 증기기관은 더욱 값싼 동력의 원천이 되었다. 이후에는 산업을 움직이기 위해 증기력의 사용이 계속 늘어났다.

증기력은 또한 19세기의 교통을 혁명적으로 탈바꿈시켰다. 고압 증기기관을 발명한 모든 이들(퀴뇨, 트레비식, 에반스)은 지상의 운송 수단을 움직이는 데 이를 사용했다. 그러나 포장되지 않은 도로 사정을 극복할 수 없었던 탓에 모두 성공적이지 못했다. 한 가지 해결책은 선로 위에 증기기관을 설치하는 것이었다. 석탄과 철광석은 오랫동안 광산에 깔린 목재 레일 위를 구르는 카트로 운반되어왔다. 18세기에 철로가 목재 레일을 대체했고 선로가 더욱 연장되었다. 1804년 리처드 트레비식(Richard Trevithick)이 웨일스의 페니다렌 제철소의 선로에 최초의 증기기관차를 설치했다. 이후 광산의 철로가 증기기관차를 시험하는 장소가 되었다. 42킬로미터 길이의 스톡턴-달링턴 철로(1825년)는 석탄 철도로 계획되었지만, 일반 화물과 승객을 실어나르면 돈을 벌 수 있음을 보여주었다. 최초의 범용 철도는 1830년 개통된 56킬로미터 길이의 리버풀-맨체스터 노선이었다. 이 노선은 엄청난 성공을 거두었고 영국에서 철도 건설 붐을 촉발했다. 1850년이 되자 거의 만 킬로미터에 달하는 철도가 개통되었고, 30년 후에는 철도망이 2만 5000킬로미터에 달했다.

증기력은 수상 교통에도 적용되었다. 이는 열악한 도로 사정을 극복하는 또다른 방법이었다! 이 발명은 시작부터 국제적이었다. 최초의 증기선은 프랑스의 팔미페드호(1774년)와 피로스카프호(1783년)였고, 상업적으로 성공한 최초의 증기선은 1807년부터 허드슨 강을 왕복했던 로버트 풀턴의 클러몬트호였다. 2년 후 캐나다의 양조업자 존 몰슨은 퀘벡 트루아리비에르에서 만들어진 증기선을 세인트로렌스 강에서 탔다.

19세기 중반이 되자 대양을 운행하는 범선도 증기선이 대체했다. 영국은 강철과 기술 우위를 바탕으로 세계 선박 제조의 중심이 되었다. 브루넬의 그레이트웨스턴호(1838년)는 대서양을 횡단하는 데 충분한 석탄을 적재할 수 있는 선박이었다는 점에서 비약적인 진보를 보여주었다. 그리고 그의 그레이트브리튼호(1843년)는 강철로 제작되고 외륜 대신 프로펠러를 사용한 최초의 선박이었다. 그러나 증기선이 범선을 완전히 대체하는 데는 50년이 더 걸렸다. 엔진을 돌리려면 석탄을 적재해야 하는 증기선은 장기 항해에서 화물을 실을 공간이 부족했기 때문이다. 따라서 먼저 증기선으로 전환된 항로는 단거리 항로였다. 증기기관에 필요한 석탄의 양이 줄어들자, 같은 양의 석탄을 싣고 더 긴 거리를 항해할 수 있었고 증기선이 범선을 대체할 수 있는 항로의 거리도 더 길어졌다. 범선이 최후까지 항해한 항로는 19세기 말까지 쾌속 범선이 살아남은 중국에서 영국까지의 경로였다.

증기력은 다양한 용도에 사용될 수 있는 기술을 일컫는 범용 기술의 사례였다. 다른 범용 기술은 전기와 컴퓨터 등이다. 범용 기술의 잠재력을 발전시키는 데는 수십 년이 걸리기 때문에 이 기술은 발명 이후 오랜 시간이 지나야 경제 성장에 기여를 할 수 있다. 증기력도 마찬가지였다. 뉴커먼의 발명 이후 100년 가까이 지난 1800년이 되어서야 증기력은 영국 경제에 아주 작은 영향을 미칠 수 있었다. 그러나 19세기 중반이 되면서 교통과 산업에 광범위하게 사용되어 결국 그 잠재력이 실현되었다. 19세기 중반 영국 노동생산성 상승의 절반은 증기기관 덕이었다. 이러한 장기적인 이득이 경제 성장이 100년 동안 지속된 중요한 원인이었다. 또다른 원인은 여러 산업 분야에 과학이 더 많이 적용되었다는 점이다. 이는 다음 장에서 살펴볼 것이다.

제 4 장

선진국들의 힘

1815년부터 1870년 사이에 산업혁명은 영국에서 대륙으로 매우 성공적으로 확산되었다. 서유럽 국가들은 선도국을 따라잡았을 뿐 아니라 이후로는 세계의 첨단기술을 진보시키는 혁신 그룹의 일원이 되었다. 물론 북아메리카도 19세기에 산업화되었고, 곧 이 혁신 클럽에 가입했다. 미국은 정말로 세계의 기술 선도국이 되었고, 그 성과는―서유럽과 영국을 포함한―'비슷한 국가들 사이에서 최고'로 여겨져야 한다.

서유럽의 성공이 놀라운 일인지는 산업혁명을 바라보는 관점에 따라 다를 것이다. 몇몇 역사가들은 산업혁명이 영국에서 일어났던 것처럼 프랑스나 독일에서 일어났을 수도 있었고, 따라서 중요한 문제는 왜 아시아가 아니라 유럽에서 산업혁명이 일어났는가를 설명하는 것이라고 생각한다. 그들에게 유럽이 빠르게 산업화될 것이었다는 점은 명백한 일이다. 그러나 다른 역사가들은 영국과 유럽 대륙 사이에 제도나 인센티브 면에서 근본적인 차이가 존재했다고 생각하는데, 이 경우 서유럽의 산업화는 다른 설명을 필요로 한다.

제도주의자들은 낡은 제도 탓에 18세기 유럽 대륙의 발전이 정체되었다고 믿는다. 프랑스대혁명으로 이 낡은 제도가 붕괴되었고, 이러한 변화는 공화국과 나폴레옹의 군대에 의해 유럽의 거의 전역에 전파되었다. 프랑스는 그들이 정복한 유럽의 모든 곳을 그들의 이상에 따라 새로이 건설했다. 농노제 폐지, 법 앞의 평등, 새로운 법적 체제(나폴레옹 법전), 수도원 재산 몰수, 국내 관세 철폐와 국제적 공동 관세의 확립에 따른 전국적 시장 창출, 세제 합리화, 보편적인 보통 초등교육과 근대적 중등교육 확대, 기술학교와 대학 설립, 과학적인 사회와 문화 진흥 등을 포함했다. 나폴레옹에 패배했지만 그의 제국에 통합되지 못한 프러시아 같은 국가들도 제도를 근대화했다. 나폴레옹의 전쟁으로 이러한 개혁들이 즉각적인 효과를 미치지는 못했지만, 워털루 전쟁 이후 유럽은 산업화의 도약을 위한 준비가 되어 있었다.

다른 설명은 새로운 산업 기술을 도입하도록 도와준 인센티브를 강조한다. 첫째, 영국이 먼저 산업혁명에 성공한 것은 영국의 제조업자들이 대륙의 경쟁자들을 이길 수 있었다는 것을 의미한다. 둘째, 산업혁명의 기술은 영국보다 임금이 낮고 에너지 가격이 전반적으로 더 높았던 유럽 대륙의 국가들에는 적절하지 않았다. 유럽 대륙을 산업화하려면 적절한 기술의 발명과 함께 기술이 발명되는 동안 영국과의 경쟁으로부터 보호가 필요했다.

영국은 '산업화'를 위한 정책을 펴진 않았지만, 이후 대부분의 국가들은 영국의 성공을 모방하는 전략을 도입했다. 19세기에 경제 발전을 위한 여러 정책이 등장했고 많은 국가가 이를 따랐다. 이 정책들은 미국에서 성공적이었고(6장 참조) 이후 유럽에서는 프리드리히 리스트에 의해 추진되었다. 그는 1825년에서 1832년까지 미국에서 살았고 독일로 돌아와 『정치경제의 국가적 체제』(1841)라는 책을 썼다. 당시 표준적인 발전 전략은 나폴레옹의 제도적인 혁명에 기초한 것이었고, 긴급한 과제 네 가지가 담겼다. 역내 관세를 철폐하고 교통을 개선하여 전국 시장을 대규모로 창출하는 것, 영국과의 경쟁으로부터 '유치산업(infant industries)'을 보호하기 위해 역외 관세를 도입하는 것, 통화를 안정시키고 기업에 자본을 제공하는 은행을 설립하는 것, 마지막으로 기술 도입과 발명을 촉진하기 위해 대중 교육을 확립하는 것. 이러한 발전 전략은 유럽 대륙이 영국을 따라잡는 것을 도와주었다.

독일이 좋은 사례이다. 중세에 독일은 독립적인 정치 단위 수백 개로 나뉘어 있었다. 1815년 빈 회의에서 그 수는 38개로 줄어들었다. 독일에서 가장 큰 국가였던 프러시아는 18세기에 보편적인 초등교육을 제도화했다. 다른 국가들도 프러시아를 따랐다. 19세기 중반이 되자 초등교육은 독일 전역에서 거의 보편화되었다.

또 프러시아는 영토를 통합하기 위해 1818년 관세동맹(Zollverein)을 형성하여 전국 시장 창출을 주도했다. 관세동맹은 역내 관세를 철폐하고, 영국 제조업자와의 경쟁에서 이기기 위해 공동의 역외 관세를 도입했다. 이 경제 동맹이 1871년 만들어진 독일 제국의 기초를 형성했다.

철도 건설이 시장의 통합을 더욱 촉진했다. (6킬로미터 길이의) 독일 최초의 철도는 리버풀-맨체스터 철도가 건설된 지 겨우 5년 뒤인 1835년에 뉘른베르크에서 퓌르트 사이에 건설되었다. 1850년대에는 여러 간선 철도 노선이 건설되었고 다음 수십 년 동안에 지선들이 건설되었다. 1913년에는 철도 총연장이 약 6만 3000킬로미터에 달했다.

영국의 산업화에서는 아무런 역할을 하지 않았던 투자은행이 유럽 대륙에서는 눈에 띄는 역할을 했다. 최초의 실험은 저지대 국가들의 산업 발전을 촉진하기 위해 1822년 설립된 '네덜란드의 국내 산업 촉진을 위한 소시에테제네랄'이었다. 독일 민간 은행들이 똑같은 일을 시작했다. 철도와 산업에 자금을 대기 위해 1852년 프랑스에서 설립된 크레디트모빌리에는 크게 발전된 형태였다. 이듬해에 이 은행에서 다름스타트 은행을 분사했고, 이 은행은 독일에서 주식회사 형태의 투자은행 유행을 이끌었다. 1872년에는 독일의 모든 거대 은행들(코메르츠방크, 드레스너, 도이체 등)이 설립되어 많은 지점을 거느리고 수많은 저축자의 자본을 모았다. 이들은 저금리로 당좌계정의 당좌대월(overdraft)로 장기 자금을 제공하면서 산업의 고객들과 지속적인 관계를 형성했다. 이 대출은 종종 산업자산을 보증으로 보장했고 은행 대표는 산업 기업들의 이사를 역임했다. 이 은행들은 1800년에서 1차세계대전 사이의 독일 산업의 엄청난 발전에 자금을 조달했다.

1815년과 1870년 사이에 산업혁명의 모든 주요한 산업들이 수익성 있게 유럽 대륙에 확립되었다. 제니 방적기와 초기의 아크라이트 방적기는 산업혁명 직후에는 프랑스에서 수익성이 없었지만, 이후 계속된 기술 진보 덕분에 1830년대 중반이 되자 거친 면사를 생산하는 비용이 42퍼센트나 감소했다. 이러한 비용 감소 덕분에 수익을 내며 새로운 형태의 공장이 건설될 수 있었다. 1840년이 되자 프랑스는 매년 5만 4000톤의 면을 방직했다. 영국은 그 양이 19만 2000톤이었다. 면방직 산업은 독일(만 1000톤)과 벨기에(7000톤)에서도 시작되었다. 당시 미국은 벌써 4만 7000톤의 원면을 처리하고 있었다는 데 주목할 만하다.

1870년경에는 근대적인 제철업도 유럽 대륙에서 확립되었다. 18세기 이전에는 철광석을 녹이고 제련하는 데 숯을 사용했다. 산업혁명 시기에 숯이 정제한 석탄인 코크스로 대체되었고, 이는 산업혁명의 가장 유명한 혁신 중 하나였다. 이 기술은 1709년 콜브룩데일 제철소의 에이브러햄 다비(Abraham Darby)에 의해 실행되었다. 1750년에서 1790년 사이에, 철판을 생산하는 데 코크스 철이 숯 철을 대체했다. 그러나 프랑스 같은 국가들에는 값싼 숯을 제공하는 광대한 삼림이 있는 대신 석탄은 드물고 비쌌기 때문에, 유럽 대륙에서 코크스 철은 숯 철을 완전히 대체하기에 여전히 너무 비쌌다. 유럽 대륙에서 코크스가 숯을 완전히 대체할 수 있을 만큼 코크스 용광로의 생산성을 높이는 설계 개선이 이루어기까지 50년이 더 걸렸다. 프랑스와 독일 기업들이 가장 진보된 설계로 용광로를 건설했던 1860년대에 그러한 전환이 급속하게 이루어졌다. 다른 말로 하면, 첨단 제철 기술이 그곳에서 경쟁력 있는 기술의 유일한 형태였기 때문에 그들은 첨단 제철 기술로 도약을 했던 것이다.

이와 비슷하게 유럽 대륙은 19세기 중반에는 새로운 산업들에서도 영국에 뒤처지지 않았다. 서유럽은 철도를 건설했고 유럽의 기관차는 영국 제품만큼 선진적이었다. 강철(steel)도 마찬가지였다. 1850년 이전까지 강철은 제철업에서 값비싼—그리고 드문—제품이었다. 당시 제철업은 주로 연철로(puddling furnace)에서 선철(pig iron)로부터 연철을 제련해 철판과 철로를 생산했다. 강철 생산에서 기술적 문제는 순수한 선철을 녹여서 탄소 같은 다른 요소들을 추가하는 공정을 정확하게 통제하는 일이었다. 이를 위해 섭씨 1500도 이상의 고온이 필요했다. 최초의 해결책은 1850년경 헨리 베세머(Henry Bessemer)와 윌리엄 켈리(William Kelly)가 각각 발명한 전로(converter)였다. 또다른 해결책은 카를 빌헬름 지멘스(Carl Wilhelm Siemens) 경이 선구적으로 제시했다. 그는 매우 높은 온도에 이를 수 있는 축열식 용광로를 만들어냈다. 1865년 피에르-에밀 마르탱(Pierrer-Emile Martin)이 지멘스 용광로로 선철을 녹여 강철을 만들었다. 소위 평로(open hearth furnace)는 평판, 철판, 구조물 형태를 생산하는 데 베세머의 전로보다 더욱 우월하다는 것이 확인되었고, 1960년대에 염기성 산소법으로 대체될 때까지 지배적인 기술이 되었다. 중요한 점은 강철의 대량 생산과 관련된 발명가 네 명이 각각 영국인, 미국인, 영국에 사는 독일인, 프랑스인이었다는 점이다. 즉 기술에 국가 간 격차가 존재하지 않았다.

1870년경 서유럽은 가장 심각했던 기술 부족을 극복했지만, 유럽 대륙의 생산 수준은 여전히 영국에 크게 못 미쳤다. 그러나 이는 1차세계대전 시기가 되자 달라졌다. 이 시기에 서유럽과 미국 모두 제조업에서 영국을 따라잡았다. 1880년 영국은 전 세계 제조업의 23퍼센트를 생산했지만 프랑스, 독일, 벨기에는 모두 합해서 그 비중이 겨우 18퍼센트였다. 1913년이 되자, 유럽 대륙의 3개국이 영국을 따라잡아 그들의 비중이 23퍼센트로 높아졌고 영국의 비중은 14퍼센트로 하락했다. 이와 동시에 북아메리카의 비중이 전 세계 제조업의 15퍼센트에서 33퍼센트로 높아졌다. 면직 산업에서는 영국이 1905~13년에 매년 원면 86만 9000톤을 처리해 세계 최고 수준이었다. 미국은 그 양이 111만 톤에 달했고 독일은 43만 5000톤, 프랑스는 23만 1000톤이었다. 중공업에서 영국의 지위는 훨씬 더 낮아졌다. 1850~54년에 영국은 선철 300만 톤을 제련했고 독일은 24만 5000톤, 미국은 약 50만 톤이었다. 1910~13년이 되자 영국은 1000만 톤을 생산했는데, 독일은 1500만 톤을 제련했고 미국은 2400만 톤이었다.

제조업 생산의 변화는 정치적으로 중요한 함의를 지녔다. 19세기 중반 영국은 전 세계의 제조업 수출품 대부분을 생산하는 '세계의 공장'이었다. 미국과 독일은 특히 수출을 늘려 그들의 제조업 생산을 증가시켰고, 수출 성과의 변화에 관한 논의가 광범위하게 나타났다. 영국은 대영제국 지역에 상품을 판매하며 지위를 지켰다. 이런 식으로 제국의 가치가 드러나자 선진국들 사이에 식민지 쟁탈전이 벌어졌다. 강철 생산에서 독일의 영국 추월은 무기 제조에도 영향을 미쳤다. 영국과 독일 사이의 무역 경쟁은 1차세계대전으로 이어진 국제적 긴장을 낳았다.

유럽 대륙과 북아메리카는 1870년에서 1913년 사이에 산업 생산에서 영국을 추월했을 뿐 아니라 기술 역량에서도 명백하게 추월했다. 미국은 정말로 영국을 추월하여 세계의 기술 선도국이 되었다. 그러나 대부분의 산업에서 중요한 발견은 선도적인 선진국 그룹 안에서 이루어졌다. 전 세계적인 관점에서 놀라운 점은 집단으로서 기술을 진보시킨 선진국들과 겉보기에 혁신을 거의 전혀 이룩하지 못한 나머지 국가들 사이의 차이였다.

19세기 후반의 중요한 특징은 완전히 새로운 산업들—자동차, 석유, 전기, 화학—이 발전했다는 점이다. 모든 선진국이 이러한 산업들을 만들어냈다. 1870년에 오스트리아인 지크프리트 마르쿠스(Siegfried Marcus)가 가솔린엔진으로 작동하는 최초의 자동차를 제작했다. 그는 또한 업계의 표준이 된 자석 점화 시스템과 회전 브러시 카뷰레터도 발명했다. 1885년 카를 벤츠(Karl Benz)는 최초의 실용적인 자동차를 제작했고, 이후 고틀립 다임러(Gottlieb Daimler)와 빌헬름 마이바흐

(Wilhelm Maybach)가 그 뒤를 따랐다. 이들은 독일인이었다. 윌리엄 랜체스터(William Lanchester)가 1895년 영국 최초로 자동차를 제작했고 디스크 브레이크와 전기 시동장치를 발명했다. 명시적으로 자동차를 제조하기 위해 조직된 최초의 회사는 1889년 프랑스의 파나르 르바소(Panhard et Levassor)였다. 그들은 4기통 엔진도 발명했다. 1902년 르노(Renault)가 드럼 브레이크를 도입했다. 1903년 네덜란드의 야코부스 스페이커(Jacobus Spijker)가 최초의 경주용 4륜 자동차를 제작했다. 자동차는 엔진, 시동장치, 브레이크, 트랜스미션, 서스펜션, 전기 등 다양한 혁신들을 필요로 했다. 현대적인 자동차는 모든 선도적 선진국 사람들이 이룬 발명의 결과물이다. 1900년경이 되자 모든 선진국이 자동차를 제조하는 기업들을 보유했다. 혁신은 그들 사이의 집단적 행동이었다.

새로운 산업들의 또다른 특징은 많은 산업이 자연과학의 발전과 관련이 있었다는 것이다. 강력한 대학 프로그램을 가졌던 국가들은 자연과학에서 경제적 이득을 얻었다. 1930년대 이전에는 독일이 가장 대표적인 사례였다. 독일의 물리학자들과 화학자들은 많은 노벨상을 수상했다. 산업의 핵심 기술 인력들이 대학에서 교육을 받았고 대학 학자들이 산업 생산을 개선하고 새로운 제품을 만들어낸 중요한 발견들을 했다. 대기의 질소를 암모니아로 전환하는 과정에 관한 프리츠

하버(Fritz Haber)의 발견은 카를스루에 대학에 재직하는 동안 이루어졌고 그는 이 발견으로 노벨상을 받았다. 이것이 당시 가장 유명한 발견 중 하나인데, 이와 비슷한 많은 발견이 등장했다.

히틀러, 2차세계대전 그리고 전후의 분단이 독일 과학의 발전을 가로막았다. 대학 연구의 주도권이 독일에서 엄청난 규모로 고등교육 부문을 발전시킨 미국으로 넘어갔다. 미국 정부는 엄청난 자금을 지원해 대학 연구의 발전을 촉진했다. 이러한 연구는 냉전 시기 군사 부문에 집중되었지만, 많은 프로젝트가 경제 전체에 이득을 가져다주었다. 자금 지원도 의료, 우주 탐험, 인문학과 사회과학 분야에까지 이루어졌다. 이러한 자금 지원이 미국이 전 세계를 주도한 기반이었다.

기술 진보의 거시경제적 특징

당시의 연구개발은 대부분 오늘날 선진국인 국가들에서 행해졌다. 이 국가들은 수익성이 있으리라고 예상되는 기술을 발전시켰다. 따라서 이 국가들이 선도적으로 도입한 새로운 제품과 과정은 자신들의 필요를 충족하기 위한 것이었고 상황에도 맞는 것이었다. 특히 선진국의 높은 임금은 자본의 사용을 증가시켜 노동을 절약하는 제품을 개발하도록 유도했다.

이는 진보를 촉진하는 연쇄 순환을 낳았다. 높은 임금이 더욱 자본집약적인 생산을 촉진했고, 이는 또한 더 높은 임금으로 이어졌다. 이러한 선순환이 선진국에서 소득이 증가한 기초가 되었다.

서유럽과 미국이 전 세계의 모든 연구개발을 수행한 결과, 모든 국가의 기술 옵션을 규정하는 세계 '생산함수'가 존재하게 되었다. '생산함수'란 노동과 자본을 가지고 한 국가가 얼마나 많은 GDP를 생산할 수 있는지를 나타내는 수학적 관계이다. 그림8은 1965년과 1990년 57개국의 노동자 일인당 GDP와 노동자 일인당 자본을 나타내 세계 생산함수를 보여준다. 그래프의 점들이 그 함수를 나타낸다. 이는 노동자 일인당 자본이 더 많아지면 노동자 일인당 생산도 더 많아지는 특징을 보여준다. 게다가 수확체감의 법칙에 따라 노동자 일인당 자본이 더 많아질수록 더욱 평탄해진다는 것을 알 수 있다. 즉 자본이 점점 더 많이 사용되면 추가적인 생산은 점점 더 적어진다. 마지막으로 1965년과 1990년 데이터에 서로 다른 기호가 사용되었다. 그런데 각국은 노동자 일인당 자본이 만 달러일 때 1965년에 비해 1990년에 더 많은 생산을 하지 못했다. 다른 말로 하면 기술 진보가 없었다. 세계 생산함수의 기술 변화는 노동자 일인당 자본을 이전에 달성했던 수준보다 더 높게 만들어 노동자 일인당 산출을 높이는 데 있었다. 이러한 개선의 수혜자는 1965년에 매우 자본집약적인 기술로 생산을 하던 선진국들이었다. 그리고 이들이 1990년에 새로운 기술을 개발한 국가들이었다. 이러한 개선이 자동적으로 더 가난한 나라들에게 흘러내리지는 않았다.

이들 국가 중 몇몇에서 우리는 노동자 일인당 산출과 노동자 일인당 자본을 산업혁명 시기까지 거슬러올라가 측정할 수 있다. 이러한 데이터를 가지고 우리는 **시간에 걸쳐** 일어난 일과 **공간에 걸쳐** 일어난 일을 비교할 수 있다. 예를 들어 그림 9에 '미국'이라고 표시된 선은 1820년에서 1990년까지 미국의 노동자 일인당 자본과 노동자 일인당 산출을 나타내는 점들을 이은 것이다. 미국의 발전 궤적은 1965년과 1990년 선진국과 후진국의 패턴을 따르고 있다. 그림10은 이탈리아, 그림11은 독일의 궤적을 보여준다. 이들 국가의 역사에는 각각의 특징이 존재한다. 이를테면 세계의 기술 선도자로 적합한 미국은 보통 그 자본과 노동으로부터 다른 국가들에 비해 조금 더 많은 산출을 얻은 반면, 독일은 아마도 투자은행의 중요성 때문에 노동자 일인당 자본을 좀더 많이 축적했다. 근본적인 동학은 동일하다. 시간에 걸친 성장과 공간에 걸친 차이가 일치하는 것은 오늘날 세계의 기술적 가능성이 선진국들이 발전하면서 그들에 의해 만들어졌다는 사실의 직접적인 결과이다.

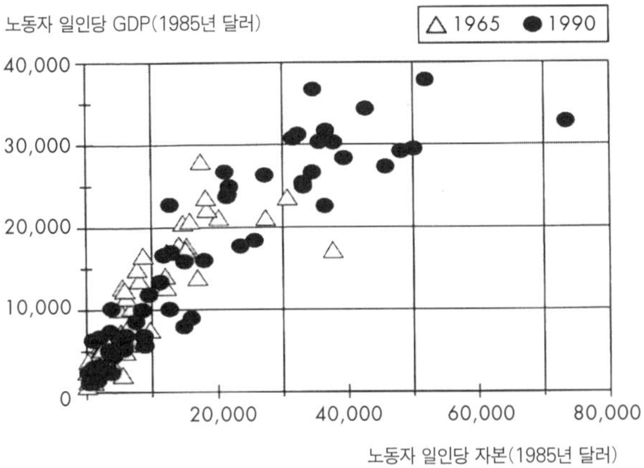

그림8. 세계 생산함수

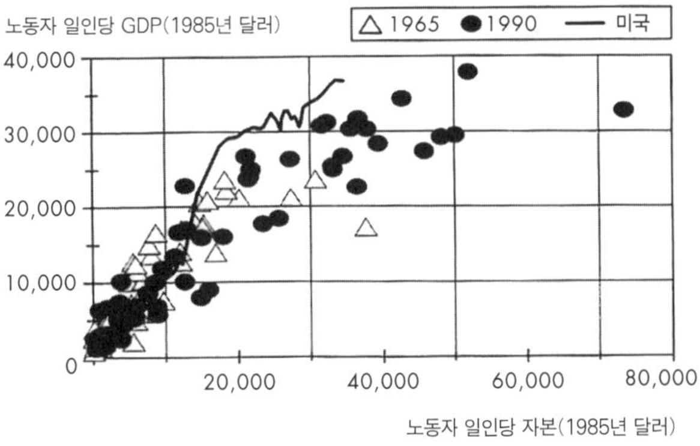

그림9. 미국의 발전 궤적

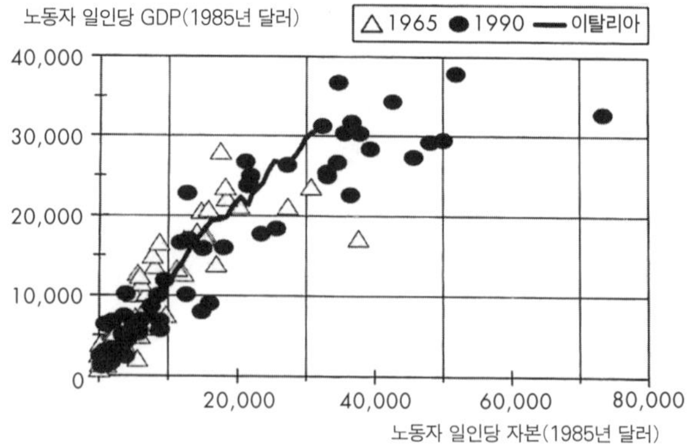

그림10. 이탈리아의 발전 궤적

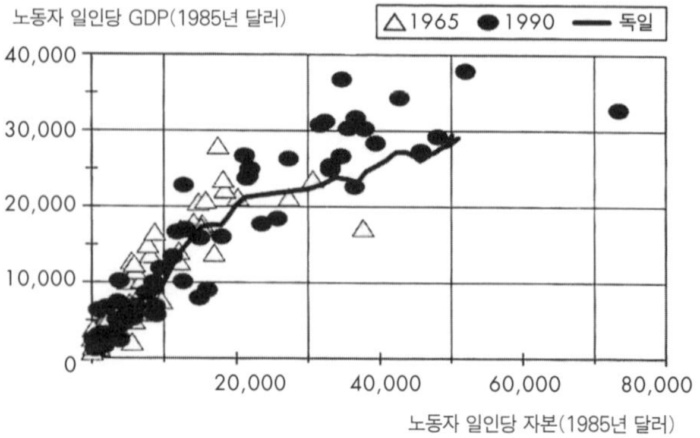

그림11. 독일의 발전 궤적

가난한 국가들이 가난한 이유는 선진국이 과거에 개발한 기술을 사용하기 때문이다. 많은 개도국에서 가장 성공적인 산업은 의류 제조업이다. 이 산업에서 핵심 기술은 재봉틀이다. 발판이 달린 재봉틀은 1850년대에 최초로 제작되었고, 전기재봉틀은 1889년에 제작되었다. 오늘날 대부분 개도국의 수출 성과는 19세기의 기술에 기초하고 있다.

그림8의 데이터가 이와 똑같은 점을 보여준다. 페루는 왜 가난한가? 1990년 페루의 노동자 일인당 자본은 8796달러였고 노동자 일인당 산출은 6847달러였다. 이 수치는 1913년 독일의 데이터, 각각 8769달러와 6425달러와 거의 같다. 오늘날 선진국에 비해 자본이 부족한 국가들은 과거 선진국의 결과를 그대로 보여준다. 예를 들어 1990년 짐바브웨의 노동자 일인당 자본은 3823달러, 노동자 일인당 산출은 연간 2537달러였다. 1820년 기준으로는 나쁘지 않은 수치이다. 말라위의 노동자 일인당 자본은 428달러, 노동자 일인당 GDP는 1217달러였다. 이는 19세기 초반 인도와 거의 같으며 당시 영국, 미국, 서유럽이 달성한 수준보다 훨씬 낮다. 1990년에도 인도의 노동자 일인당 자본은 겨우 1946달러였으며 노동자 일인당 산출은 3235달러였다. 이는 1820년 영국의 수준과 비슷하다.

분명한 질문은 페루, 짐바브웨, 말라위, 인도는 왜 서구 선진국들의 기술을 도입하지 않았고 부자가 되지 않았는가이다. 그 답은 그 기술이 수익이 나지 않기 때문이라는 것이다. 21세기 서구 선진국의 기술은 노동자 일인당 엄청난 양의 자본을 사용한다. 노동자를 대체하기 위해 그렇게 많은 자본을 사용하는 것은 자본비용에 비해 임금이 상대적으로 높을 때에만 수익을 가져다줄 수 있다. 이는 노동자 일인당 산출과 노동자 일인당 자본 사이의 관계가 평탄해짐을 보여주는 모든 그림에서 나타난다. 노동자 일인당 자본이 클 때 노동자 일인당 산출을 1000달러 늘리려면 노동자 일인당 자본이 훨씬 더 많이 필요하다. 그 모든 추가적인 자본을 도입하는 것이 가치가 있으려면 노동이 매우 비싸야 할 것이다. 서구 선진국들은 더 높은 임금이 노동절약적인 기술의 개발로 이어지고 이 기술을 사용하면 노동생산성과 임금이 상승하는 발전의 궤적을 경험해왔다. 이러한 사이클은 반복된다. 오늘날 가난한 국가들은 엘리베이터를 놓쳐버렸다. 이들 국가에서는 임금이 낮고 자본비용이 높아서, 낡은 기술로 생산을 해야 하고, 따라서 소득이 낮다.

산업의 역사는 이러한 법칙의 사례들을 제공한다. 이전 장에서 우리는 동력 방직기의 발명과 그것이 완성된 이후 미국—임금이 매우 높은 국가—과 영국에서 도입된 방식에 관해 논의했다. 동력 방직기는 저임금 국가들에서는 비용 면에서 결코 효과적이지 않았고 그런 국가들에서는 사람들이 수제 베틀로 방직을 계속했다. 그들의 상황은 임금이 가장 높았던 미국이 경제적 선도국이 된 19세기에 더욱 어려워졌다. 미국의 기술은 미국의 그런 상황을 반영했다. 1890년대에 영국에서 온 이민자 제임스 헨리 노스롭은 여러 발명들에 기초하여 완전 자동 방직기를 개발했다. 이는 노동생산성을 크게 상승시켰지만 커다란 투자를 필요로 했다. 이 방직기를 도입하면 임금이 매우 높은 미국에서는 수익이 났지만—세계적 기준으로 볼 때 영국은 고임금 경제였음에도 불구하고—영국에서 사용하기에는 너무 비쌌다. 노스롭 방직기는 가난한 국가들에는 더욱 부적절했다. 선도국의 발명가들이 고임금 노동을 절약하기 위해 노력한 기술 변화의 과정은 세계의 가난한 국가들에는 아무 이득도 주지 않고 선진국들의 경쟁우위를 더욱 강화하는 기계들의 발명으로 이어진 것이다.

제 5 장

거대 제국들

유럽 동쪽에는 제국들이 있었다. 오스만튀르크는 1453년 콘스탄티노플을 정복했고 발칸 반도로부터 중동과 북아프리카까지 지배했다. 러시아 황제의 권력은 폴란드에서 블라디보스토크까지 미쳤다. 페르시아 제국은 여러 왕조들을 거치며 수천 년 동안 이어졌다. 17, 18세기 인도의 대부분은 무굴 제국이 지배했다. 일본은 3세기 이후부터 황제가 있었고 캄보디아, 태국 같은 남아시아 지역은 이른 시기부터 발전된 국가가 존재했다. 중국은 이 모든 국가 중에서 가장 위대한 제국이었고 수천 년 동안 지속되었다.

유럽인들은 수천 년 동안 아시아의 부에 관해 알고 있었고 그것이 아시아로 항해하려는 이유 중 하나였다. 13세기 마르코 폴로의 중국 여행기는 인기를 끌었고, 콜럼버스는 그가 가진 이 책에 주해를 달았다. 예수회의 선교 여행에 관한 기록에 기초한 장-밥티스트 뒤 알드(Jean-Baptiste Du Halde)의 『중국기Description de la Chine』(1736)는 중국 문명을 격찬했다. 이 책은 널리 읽히고 토론 거리가 되었다.

그러나 모든 사람이 동양이 번영하고 있다고 받아들인 것은 아니었다. 주된 회의론자들은 애덤 스미스, 로버트 맬서스, 카를 마르크스 같은 고전파 경제학자들이었다. 이들은 유럽이 아시아보다 더 부자이고 성장 전망이 더 밝다는 데 동의했다. 이들은 중국이 후진적이라는 가설을 각자의 지론으로 설명했다. 스미스는 중국의 문제가 정부의 해외 무역 금지와 사적 재산권의 의심스러운 불안정성 때문이라고 주장했다. 맬서스는 출산율을 높이고 따라서 소득을 낮추는 보편혼(universal marriage)이 문제라고 생각했다. 마르크스는 개인의 기업가정신을 북돋우는 데 실패한 전(前)자본주의적 사회구조가 문제라고 주장했다.

이러한 견해들이 광범위하게 수용되어왔지만, 최근 캘리포니아 학파—이러한 주장을 하는 학자들이 캘리포니아 대학 교수들이기 때문에 이렇게 불린다—경제사학자들은 이 견해들에 도전했다. 캘리포니아 학파에 다르면 중국의 법제도는 유럽에 필적할 만했고 재산권은 안정적이었으며, 중국의 가족

제도는 중국의 인구 성장률이 유럽과 비슷할 정도로 출산율을 낮게 유지했고, 상품·토지·노동·자본 시장들은 유럽만큼이나 발전되어 있었다. 따라서 유럽과 중국의 생산성과 생활수준은 비슷했다. 그러므로 산업혁명이 유럽에서 일어난 것은 제도나 문화 차이 때문이 아니라 유럽의 풍부한 석탄과 세계화의 이득 때문이었다.

이러한 재해석은 중국과 다른 제국들 모두에 관해 광범위한 논쟁의 대상이었다. 양쯔 강 삼각주처럼 중국의 발전된 지역의 소득수준이 잉글랜드와 네덜란드의 발전된 지역들만큼 높았다는 주장은 상당히 의심스럽다. (그림3) 반면 (로마 같은) 다른 제국들에 관한 재평가도 비슷한 결론을 제시했기 때문에 중국의 시장과 제도에 대한 긍정적인 평가는 신뢰할 만하다. 그리고 석탄과 상업 때문에 영국에서 산업혁명이 일어났다는 캘리포니아 학파의 주장은 올바른 것이다. 아시아의 역사에서 주목할 점은 그러한 촉발 요인들이 없었다는 것이다.

세계화와 탈산업화

19세기는 대부분의 거대 제국들에게 나쁜 시기였다. 인도는 1857년 반란 이후 공식적으로 영국의 식민지가 되었다. 중국, 오토만, 러시아의 제국들은 1920년대에 붕괴했다. 19

세기 초엽 거대 제국들에는 세계 최대의 제조업이 존재했지만, 19세기 말이 되자 이러한 산업들이 붕괴하고 현대적인 공장 산업은 이를 대체하지 못했다. 유일한—그리고 부분적인—예외는 러시아와 일본이었다.

세 가지 요인이 워털루 전쟁과 2차세계대전 사이의 각국의 성공과 실패를 설명해준다. 그것은 기술, 세계화, 국가 정책이다.

서구의 산업혁명은 두 가지 이유로 아시아의 제조업자들을 경쟁에서 패하도록 만들었다. 첫째, 산업혁명으로 비용이 하락해 제조업이 유럽에서 더욱 생산적이 되었다. 그러나 산업혁명은 임금이 더 낮은 세계의 다른 지역들에서는 비용 면에서 효율적이지 않았다. 예를 들어 인도에서는 방적기를 사용하여 영국과 경쟁하려고 할 이유가 없었다. 인도에서는 방적기는 노동비용을 줄이는 것에 비해 방적을 위한 자본비용을 더 많이 높였기 때문이다. 아시아의 생산자들은 영국인들이 아시아에서도 비용 면에서 충분히 효율적이 되도록 방적기를 더욱 개선하도록 기대하거나(결국 그렇게 되었다), 환경에 맞게 기계를 스스로 재설계해야(일본은 그렇게 했다) 했다.

둘째, 증기선과 철도의 영향으로 국제 경쟁이 더욱 격화되었다. 운송비용이 하락하자 세계 경제는 더욱 긴밀하게 통합되었고, 동력에 기초한 기계를 사용하는 유럽 기업들은 수제 방식을 사용하는 카사블랑카나 광둥의 생산자들을—비록 임금은 큰 차이가 있었지만—경쟁에서 이길 수 있었다. 아시아와 중동에서 제조업이 사라지자 노동력은 농업에 재배치되었고, 이 대륙들은 밀, 면화, 쌀 그리고 다른 1차 산품들을 수출하게 되었다. 다르게 말하면 이들은 현대적으로 저발전된 국가들이었다.

이러한 발전은 (비록 어느 정도 역할은 했지만) 선진국들의 음모나 단순히 식민주의 때문이 아니었다. 경제학의 근본 원리 중 하나—비교우위—의 결과였다. 이 이론에 따르면 서로 무역을 하는 국가들은 상대적으로 효율적으로 생산할 수 있는 상품의 생산에 전문화한다. 그런 상품들을 수출하고, 상대적으로 비효율적으로 생산하는 상품들을 수입한다. 예를 들어 인도가 세계의 다른 지역들로부터 분리된다고 생각해보자. 이 경우 인도가 면직물 소비를 늘릴 수 있는 유일한 방법은 농업의 고용을 줄여서 그 노동자들을 방적과 방직에 돌리는 것이다. 이러한 활동을 하는 노동의 효율성이 직물 1미터를 얻기 위해 얼마나 많은 밀이 교환되어야 하는지를 결정할 것이다. 만약 인도가 국제무역을 할 수 있게 된다면 그리고 세계 시장에서 밀에 대한 면직물의 상대가격이 국내의 생산 기술에 기초한 비율보다 더 낮다면, 인도인들은 면직물을 스스로 생산하는 것보다 밀을 수출하고 면직물을 수입하는 것이 그들에게 더욱 이득임을 알게 될 것이다. 다른 말로 하면 인도는 제조업자가 되기보다는 농민이 될 것이다. 이러한 산업의 재구성은 인도에게 장기적 발전을 희생하고 단기적 번영을 가져다주었다.

바스코 다 가마가 캘리컷에 도착하기 전에는 유럽과 아시아 시장이 잘 연결되어 있지 않았다. 유럽과 아시아는 각각 사실상 '세계의 다른 지역들로부터 분리되어 있었다.' 이러한 분리는 횡범선, 대양 항해술, 증기선, 수에즈 운하, 철도, 전신, 파나마 운하, 자동차, 비행기, 컨테이너선, 전화, 고속도로, 인터넷의 발전과 함께 사라졌다. 이 모든 것들이 국제적인 거리 비용을 줄였고 시장을 통합했으며, 각국이 더욱 격렬하게 서로 경쟁하도록 만들었다. 비교우위 원리가 더욱 강력하게 작동하게 되었고 생산의 상대적 효율성의 차이가 국가의 부를 결정하는 데 더욱 중요하게 되었다. 그 결과는 제3세계의 '저발전'이었다.

정부 정책은 워털루 전쟁 이후 각국의 경제 성과에 영향을 끼친 세번째 요인이었다. 미국과 서유럽은 영국의 값싼 수입품에 대응하여 국내 시장과 산업의 발전, 역외관세, 투자은행, 보편적 교육 등 표준적인 발전 전략을 도입했다. 식민지들은 경제 정책이 제국주의 강대국들의 이해에 복속되었던 탓에 이러한 전략을 생각할 처지가 아니었다. 비록 모두가 그런 노력을 기울이거나 노력이 성공한 것은 아니었지만, 독립 국가들은 국가 발전을 추구하는 선택지를 가지고 있었다.

면직물

우리는 인도와 영국의 면직물 생산 역사에서 이러한 주제가 현실에서 어떻게 나타났는지 살펴볼 수 있다. 영국의 면화 생산의 생산성은 기계화가 완성된 산업혁명 기간에 급등했다. 영국 제조업에서는 생산성이 상승했지만 인도에서는 그만큼 상승하지 않았기 때문에 비교우위의 원리에 따라 잉글랜드 면화 제조업자들의 경쟁력은 강화되었고 인도 제조업자들의 경쟁력은 약화되었다. 반대로 농업 제품의 생산에서는 인도의 비교우위가 높아지고 잉글랜드의 비교우위가 낮아졌어야 할 것이다. 비교우위는 산업혁명의 불균등한 생산성 상승이 잉글랜드에서는 산업을 더욱 발전시키고 인도에서는 탈산업화를 가져다주었어야 함을 의미한다. 그리고 실제로 그런 일이 일어났다.

비교우위의 변화는 운송 비용이 하락하는 시대에 나타났고, 이는 분화를 더욱 심화시켰다. 선박의 효율성이 개선되고 유럽에서 인도로 가는 대양 항로의 경쟁이 격화되자 운송 비용이 하락했다. 18세기에는 이러한 무역을 영국과 네덜란드의 동인도회사가 독점했다. 17세기 초에는 이들의 존재가 포르투갈의 후추 무역 통제를 끝내고 유럽의 후추 가격을 하락시켰지만, 영국의 항해법은 영국 시장에 네덜란드가 진입하지 못하도록 하여 추가적인 경쟁을 억눌렀다. 4차 영국-네덜란드 전쟁(1780~84년)이 마지막 결정타였다. 네덜란드 동인도회사가 크게 타격을 입어서 그 독점권이 1800년에 만료되었다. 한편 영국 동인도회사도 1813년 그 무역 독점권을 상실했다. 그 결과로 경쟁이 격화되자 인도와 유럽 사이의 운송 비용이 하락했다.

불균등한 생산성 상승과 선박 운송 비용 하락의 영향은 잉글랜드와 인도의 면화 가격의 역사적 변화에 나타난다. 1812년 영국의 몇몇 면화 제조업자들이 동인도회사의 무역 독점권 연장에 반대하여 회합을 했다. 이들은 인도에서는 파운드당 43펜스인 40카운트 면사가 잉글랜드에서는 30펜스임을 보여주는 각서를 작성했다. 결론은 경쟁이 허용되기만 하면 영국 생산자들에게 인도가 잠재력이 엄청난 시장이라는 것이었다. 그러나 이때로부터 10년 전만 해도 이들이 이러한 주장을 할 수 없었다는 점에 주목해야 한다. 10년 전에는 영국에서 40카운트의 면사가 파운드당 60펜스였기 때문이다. 1802년에는 영국이 인도보다 싸게 면사를 만들어낼 만큼 기술이 충분히 생산적이지 않았던 것이다. 방적기는 개선을 거듭해

1826년에는 40카운트 면사 가격이 16펜스까지 떨어졌다. 그 가격으로는 인도에서 가장 가난한 여성조차 면사를 뽑을 만하지 않았으며, 1870년대 기계화된 공장이 설립되기 전까지 인도에서 면사 생산은 이루어지지 않았다.

방직에서도 똑같은 일이 일어났지만, 그 결과가 인도에게 파국적인 것은 아니었다. 4장에서 살펴보았듯이 기술 진보로 영국의 캘리코 가격이 하락했다. 1780년대 중반부터 영국에서는 영국산 직물이 인도산보다 늘 값이 쌌다. 그러나 구매자들이 영국과 인도의 직물을 서로 좋은 대체재로 생각했기 때문에 가격 차이는 그리 크지 않았다. 따라서 1790년 이후 영국 직물의 가격 하락은 동시에 인도 직물의 가격 하락으로 이어졌다. (그림12)

1805년과 1818년 사이 인도산 면직물 가격에는 단절이 있지만, 그 사이에 두 가지 중요한 변화가 일어났다. 첫째, 인도와 영국의 가격 차이가 매우 줄어들었다. 시장이 통합되었고 따라서 한 지역의 가격 변화가 다른 지역에 영향을 미쳤다. 둘째, 영국의 면직물 가격이 인도산보다 더 낮게 하락했다. 더 이상 돈을 벌 수 없게 되었기 때문에 인도로부터 영국으로 면직물 수출이 사라졌다. 대신 영국에서 인도로 면직물을 수출했다.

이 변화가 인도에 미친 영향은 매우 컸다. 인도는 면직물의

그림12. 면직물의 실질가격

주요 수출국에서 주요 수입국으로 뒤바뀌었다. 방적 산업은 완전히 파괴되었고 인도는 모든 면사를 수입하게 되었다. 규모가 작고 수익이 낮은 수제 베틀에 기초한 방직은 살아남았지만, 방직 산업의 산출도 감소했다. 비하르에서 제조업에 종사하는 노동력의 비중은 1810년 22퍼센트에서 1901년 9퍼센트로 감소했다. 엄청난 탈산업화였다!

모든 국가는 무언가에 비교우위를 지닌다. 인도는 제조업에서 비교우위를 잃자 농업에서—특히 원면에서—비교우위를 얻었다. 그림13은 1781년에서 1913년까지 구자라트와 리버풀의 원면의 실질가격을 보여준다. 18세기에는 인도에서 면화가 훨씬 더 쌌다. 미국 남부의 면화 재배가 발전하자 영국의 면화 가격이 하락했다. 1830년대에는 영국과 인도 시장이 통합되었다. 면사와 면직물 시장이 통합되자 면사와 면직물 가격이 하락하여 인도의 제조업자들은 경쟁에서 도태되었지만, 농업은 그 반대였다. 인도에서 원면 가격은 점진적으로 상승하여 영국의 면직물 산업에 공급되는 원면 재배와 수출이 증가했다.

1840년 영국 의회의 동인도회사 특별위원회에서 벌어진 치열한 설전에서 마클스필드의 의원인 존 브로클허스트는 참고인 로버트 몽고메리 마틴에게 '인도 방직 산업의 파괴는 이미 시작되었고' 따라서 '인도는 제조업 국가보다는 농업 국가

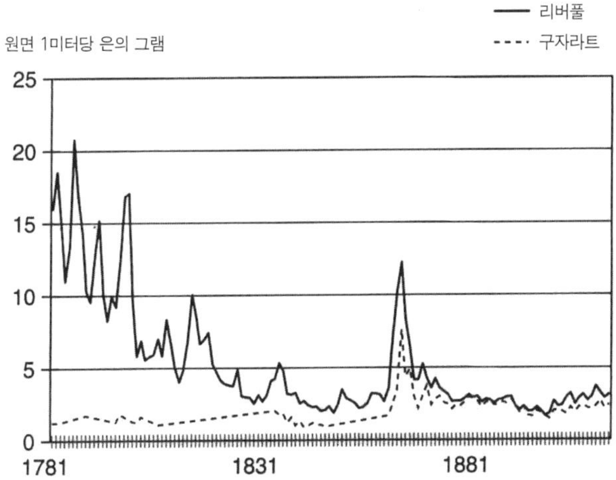

그림13. 원면의 실질가격

이며 제조업에 고용되었던 노동자들은 이제 농업에 흡수되고 있다.'라고 말했다. 대영제국에 비판적이었던 마틴은 다음과 같이 대답했다.

> 나는 인도가 농업 국가라는 데 동의하지 않습니다. 인도는 농업만큼이나 제조업 국가이며, 인도를 농업 국가의 지위로 만들고자 하는 이는 인도의 문명 수준을 낮추려고 하는 것입니다. (…) 인도에는 다양한 종류의 제조업이 오랫동안 존재해왔고 공정한 무역이 이루어진다면 어떤 나라도 경쟁에서 이길 수 없었습니다.

마틴의 감정은 칭송할 만하지만, 시장의 힘은 브로클허스트 편이었다. 영국의 산업이 인도의 제조업을 경쟁에서 이겼던 것이다.

인도의 직물 산업 이야기는 19세기 많은 제3세계 국가들의 이야기였다. 세계화와 결합된 편향적인 기술 변화가 유럽 국가들의 산업화를 촉진했고 동시에 아시아의 오랜 제조업 경제를 탈산업화했다. 독립 국가들도—예를 들어 오토만 제국—기술 변화와 운송 비용 하락으로 인해 현대의 저발전된 국가가 되었다. 20세기 중반, 아시아의 경제 발전 문제는 '전통 사회'를 근대화하는 문제로 생각되었다. 그러나 사실 그 국가들의 환경은 결코 전통적이지 않았다. 저발전은 19세기의 세계화와 서구의 산업 발전의 결과였다.

인도의 근대 산업

인도는 1차 산품을 수출하고 제조업 제품을 수입하는, 덜 발전된 국가로 남을 운명이었을까? 아니면 저임금 노동력을 활용하기 위해 근대적 공장이 설립되어 수공업 생산의 몰락 이후 근대적 발전이 나타날 운명이었을까? 인도의 역사는 이러한 질문들에 대답하기 위해 특히 중요한 사례이다. 왜냐하면 인도는 영국의 지배, 영국의 법 그리고 영국의 자유무역으로부터 이득을 얻었기 때문이다. 이것들은 인도에 도움이 되었을까, 그 반대였을까?

인도는 분명 몇몇 근대적 발전을 경험했다. 주목할 만한 성공은 황마(jute)와 면화 산업이었다. 둘 다 인도의 값싼 노동력으로부터 이득을 얻었다. 영국의 투자자들이 벵갈의 황마 공장의 성장에 자금을 댔는데, 1차세계대전 시기에 이 산업은 세계 최대 규모였고 인도로부터의 수출이 영국의 경쟁자들을 대부분 시장 경쟁에서 패퇴시켰다. 면화 산업은 봄베이에서 번창했고 1913년경에는—프랑스보다 많지만 독일보다는 적은—연간 36만 톤의 원면을 처리했다. 그러나 이러한 성공들은 국민경제에 사소한 영향을 미쳤을 뿐이다. 1911년 면화와 황마 공장의 고용은 50만 명도 되지 못했는데 이는 전체 노동력의 1퍼센트 미만이었다. 인도 경제는 여전히 압도적으로 농업 경제였다.

산업이 발전하려면 경제가 비교우위에 의해 지배되는 패턴으로부터 벗어날 필요가 있다. 민족주의적 관점에 따르면 인도에는 서유럽과 미국이 영국을 따라잡는 것을 도운 표준적인 개발 정책들—즉 관세, 투자은행, 국내 시장의 발전, 보편적 교육—이 필요했다.

인도의 식민 지배에 관해 가장 놀라운 사실은 이러한 정책들이 얼마나 추진되지 않았는가 하는 것이다. 19세기에는 인도 인구의 겨우 1퍼센트만이 교육을 받았고, 성인 인구의 식자율은 6퍼센트였다. 관세는 낮았고 오로지 정부 수입을 위한 것이었다. 산업에 자금을 조달하는 은행 정책은 존재하지 않았다.

인도 정부에 의해 추진된 정책은 그 정책의 한계를 잘 보여준다. 펀자브 같은 지역의 관개 사업은 농업 수출을 늘리려는 목적으로 시행되었다. 철도는 1857년 반란 이후 군대를 국가 전역으로 이동하고, 1차 산품 수출을 촉진할 목적으로 내륙의 농업 지역들을 해안과 연결하기 위해 건설되었다. 그 결과 1차세계대전 이전 6만 1000킬로미터의 철도가 건설되어 인도는 세계에서 가장 긴 철도망을 가진 나라 중 하나가 되었다.

상품이 인도 전역에서 낮은 비용으로 운송될 수 있었기 때문에 철도는 정말로 전국 시장을 창출했다.

그러나 인도의 철도 건설은 기회를 놓친 사례로 간주되어야 한다. 철도는 강철 선로와 기관차 같은 근대적인 투입 요소가 필요한 거대한 프로젝트였다. 대부분의 국가들은 국내 기업에 이것들을 주문하도록 하는 조달 요건과 관세를 사용하여 철도 건설이 이러한 산업들을 발전시키거나 창출하도록 보장했다. 그러나 인도의 식민정부는 영국 기업들에게 그것들을 주문하도록 보장했다. 따라서 인도에 대한 영국의 기계 수출이 급증했다. 인도 내에 파급 효과는 없었고, 인도의 철강 산업과 기계 산업은 20세기가 되어서야 시작되었다.

지금도 인도, 파키스탄, 방글라데시는 농업의 고용이 압도적이고 이는 다른 가난한 나라도 마찬가지이다. 그러나 곧 우리가 살펴보겠지만, 19세기에 가난했던 몇몇 국가들은 표준 전략을 따르고 또한 그것을 넘어서는 것을 통해 빅푸시를 실현하여, 20세기에는 훨씬 더 잘살게 되었다.

제 6 장

아메리카

아메리카가 세계 경제에 통합된 사건은 구세계와 신세계 사이의 엄청난 분기를 낳았다. 아메리카 원주민들은 급속히 줄어들었고, 토착 문명은 유럽 문명으로 대체되었다. 북유럽은 산업화가 촉진되었고, 아메리카 자체가 부유한 북부와 가난한 남부 사이의 세계적인 분할을 잘 보여준다.

북아메리카와 남아메리카의 서로 다른 발전의 궤적은 식민지 시기로 거슬러올라가며, 지리와 인구 요인과 깊은 관련이 있다. 남아메리카는 대부분이 토착민으로 구성되어 있었고 가장 큰 부를 지니고 있었다. 남아메리카는 또한 유럽과 멀었다. 이러한 차이가 누적되어 오늘날 우리가 볼 수 있는 소득의 차이로 이어졌다.

유럽과 무역할 수 있는 능력에 영향을 미쳤기 때문에 지리가 중요했다. 무역은 경제 성장에 좋을 수도 나쁠 수도 있었다. 한편으로 값싼 영국의 제조업 제품은 산업화를 가로막았다. 다른 한편으로 국내의 농업 제품의 수출은 전반적으로 정착과 농경을 강력하게 촉진했고, 이는 나중에 산업화의 기반이 될 수 있었다. 북아메리카는 이러한 점에서 이점이 있었다. 첫째 북아메리카는 식민지 수출품의 주요 시장 유럽에 더 가까웠다. 운송 비용이 높았기 때문에 북아메리카는 거리가 먼 남아메리카에 비해 다양한 제품을 더 수익성이 높게 생산하고 수출할 수 있었다. 이러한 이점은 아메리카 대륙 내부의 지리적 특징에 따라 더욱 강화되었다. 북아메리카의 동부 해안 지역은 큰 규모의 경제를 지원하기에 충분히 넓고 비옥했고, 대륙의 내륙 지역은 세인트로렌스, 모호크-허드슨, 미시시피 등의 강들을 따라 접근 가능했다. 이와 대조적으로 라틴아메리카의 경제 활동 대부분은 멕시코 내륙과 안데스 지역에서 이루어졌다. 강은 이 지역에서 해안까지 이어지지 않았고, 따라서 수출 비용이 높았다.

인구도 중요했다. 미국, 캐나다, 남아메리카 지역의 대부분은 온대기후여서 유럽인들에게 질병의 위협이 별로 없었다. 그들은 이 지역에서 번창했다. 이와는 대조적으로 카리브 해와 아마존의 열대지방에서는 유럽인들의 사망률이 높았고, 이는 유럽인들의 정착과 증가를 가로막았다.

토착민들은 아메리카 대륙에 걸쳐 불균등하게 분포해 있었다. 대부분은 멕시코(2100만 명)에 살거나 안데스 지역(1200만 명)에 살았다. 겨우 약 500만 명이 미국에서 살았고 식민지였던 동부 13개 주에는 고작 25만 명이 살고 있었다. 인구의 차이는 지리를 반영한 것이었다. 멕시코와 페루는 주요 토착 음식—옥수수, 콩, 호박, 감자, 퀴노아〔안데스 산맥의 고원에서 자라는 곡물〕—의 선조들의 산지였다. 이곳에서 야생에서 자라던 이 식물들은 재배 가능하게 되었고, 그 결과 환경에 잘 적응하게 되었다. 또 이 지역 농부들은 이 식물들을 다른 어떤 곳에서보다 먼저 재배했다. 예를 들어 옥수수와 콩은 4700년 전부터 재배되어, 멕시코인들은 1519년 코르테스가 도착하기 전 4200년 동안 그것들을 재배했다. 물론 옥수수, 콩, 호박은 널리 퍼졌지만 유전적 특징과 재배가 다른 환경에 적응해야 했기 때문에 확산은 느리게 이루어졌다. 예를 들어 옥수수가 자라는 기간은 열대에서는 120~150일이었지만 더 추운 기후에서 잘 크려면 100일 정도로 단축되어야만 했고, 이는 서기 1000년이 되어서야 가능해졌다. 이전까지 미국과 캐나다 동부에서는 옥수수가 널리 재배되지 않았고, 북아메리카 동부에서는 유럽인들이 나타나기 전까지 옥수수를 거의 재배하지 않았다.

유럽인의 도착은 토착민들에게 재난이었다. 1500년 토착민의 인구는 대략 5700만 명으로 추산된다. 1750년이 되자 그 수는 약 500만 정도로 줄어들었다. 멕시코에서 토착민의 인구는 90퍼센트 이상 감소하여 1620년대에는 최저치인 75만 명이 되었다. 그래도 이는 유럽인들이 도착하기 전 미국의 동부 해안 인구에 비해 3배나 많은 수치다. 안데스 지역에서는 1718~20년의 전염병 이후 토착민의 인구가 60만 명 이하로 감소했다. 멕시코의 토착민 인구는 17세기 중반 이후 반등하여 1800년 350만 명이 되었고, 안데스 지역의 토착민 인구는 200만 명에 달했다. 이전 300년 동안 스페인으로부터 유입된 이민자 인구에도 불구하고 토착민들이 이 지역 인구의 5분의 3을 차지하고 혼혈 인구가 5분의 1을 차지했다. 나머지 5분의 1은 상대적으로 부유한 백인이었는데 이들이 식민지를 다스렸다. 이러한 인종적, 경제적 구조는 장기적 성장에 좋지 않은 영향을 미쳤다.

북아메리카에서는 사정이 매우 달랐다. 애초에 토착민들이 별로 없었기 때문이다. 1500년 동부 해안에는 약 25만 명이 살고 있었는데, 미국에서 최초로 그들을 인구 조사한 1890년에 그 수는 겨우 만 4697명으로 줄어들었다. 인구 감소는 대부분 17세기에 발생했는데 이는 사실 대개 유럽인들이 정착하기 이전의 일이었다. 1620년 매사추세츠에 필그림호가 상륙하기 전인 1617~1619년에 전염병이 돌았다. 필그림호의 유럽인들은 이를 신의 축복이라 생각했다. "지금까지 신의 선량한 손은 우리의 시작을 축복했다. (…) 수많은 토착민을 쓸어버려서… 우리가 그곳으로 가기 얼마 전에, 신은 우리를 위한 자리를 만들어주셨다." 50년 동안 치른 전쟁으로 나머지 토착민이 사라졌다. 토착민의 사망률이 높았고 정착민의 사망률이 낮았기 때문에 아메리카 식민지에는 급속하게 잉글랜드가 이식되었다. 이러한 일반화의 명백한 예외는 미국 남부의 식민지들이었다. 그곳에서는 유럽인들이 아프리카 노예를 수입하여 고된 노동을 시켰다. 그러나 토착민들의 생존은 리오그란데 강 남쪽 라틴아메리카에서 인구구조가 그랬던 것과는 달리 북아메리카의 발전에 영향을 미치지는 못했다.

북아메리카의 식민지 경제

정착은 미국의 식민지 역사에서 중요한 주제이다. 특히 뉴잉글랜드를 포함한 몇몇 군데에 자리잡은 정착민들의 동기는 다른 교리의 지배에 고개 숙이는 대신 그들 스스로 종교적 독립을 이룩하고자 하는 욕망이었다. 그러나 정착민들의 동기는 대개 경제적 이득이었고, 청교도들조차 매사추세츠에서 그들이 잉글랜드에서 누렸던 생활수준을 누리기를 기대했다.

북아메리카의 영국 식민지에서 정착과 수출은 긴밀하게 연관되어 있었다. 캐나다의 경제학자 해롤드 이니스(Harold Innis)는 이를 '주요 산물 이론(staples thesis)'으로 잘 보여주었다. 그는 캐나다 같은 지역의 성장은 유럽에 대한 수출품—대구, 모피, 목재—에 따라 결정된다고 주장했다. 그 지역 사람들은 이러한 제품들을 판매하여 직물, 도구, 도기 등의 제조업 제품을 구매할 돈을 얻었다. 이 제품들은 식민지에서 생산한 것이 아니라 영국으로부터 수입한 것이었다. 영국의 산업들이 규모가 더 컸고 규모의 경제를 실현하여 식민지의 소규모 기업들보다 더 효율적으로 생산할 수 있었기 때문이다. 이니스는 '농민들은 그들의 소와 옥수수 대신(즉 교환) 옷을 얻고, 또한 직물을 생산하는 것이 이윤에 더 좋다고 생각한다.'라고 썼다. 영국의 항해법은 네덜란드와 프랑스가 식민지에서 필요로 하는 상품을 공급하지 못하도록 막았다.

주요 산물 식민지에는 세 가지 특징이 있었다. 첫째, 식민지의 주요 산물 가격은 유럽에서보다 운송 비용 금액만큼 더 낮았고, 무역으로 연결된 두 시장의 가격은 함께 등락했다. 둘째, 수출이 식민지의 소득에서 커다란 부분을 차지했고 나머지는 서비스로부터 나왔다. 셋째, 정착민들과 그들의 자본의 수익은 식민지로 이동하는 비용과 위험의 차이만큼 유럽보다 더 높았다.

펜실베이니아는 이러한 원칙들을 잘 보여준다. 이 식민지는 1681년 만들어졌고 밀 경작에 적합하여 밀이 주요 산물이 되었다. 펜실베이니아의 수출품은 서인도, 이베리아, 영국 제도에서 아일랜드산, 영국산 제품과 경쟁했다. 그 결과로 필라델피아와 런던의 가격은 함께 등락했다. 그림14는 이러한 동조화를 잘 보여준다. 예외적으로 7년 전쟁(1756~63년)과 미국독립전쟁(1776~83년) 시기에는 무역이 이루어지지 못해서 가격의 상관관계가 깨졌다. 밀과 밀가루뿐 아니라 이 식민지는 목재 산품, 배, 강철, 탄산칼륨을 수출하고 그 상대로부터 외화를 얻었다. 수출은 이 식민지 경제에 중요했고 1770년 총산출의 약 30퍼센트를 차지했다. 이러한 수출로부터 벌어들인 외화는 영국의 소비재를 구입하는 데 지출되었다.

경제가 성장함에 따라, 펜실베이니아는 유럽으로부터 더 많은 노동을 끌어들였다. 18세기 필라델피아의 실질임금은 잉글랜드의 추세를 따라갔지만 먼 황무지로 이주하는 데 든 식민주의자들의 이주 비용을 보상하기 위해 잉글랜드보다 더 높았다. (그림15) 잉글랜드와 북아메리카의 영국 식민지들은 번영하던 지역이었고, 임금이 최저생계비보다 4~5배 더 높았다. 반대로 플로렌스 같은 도시에서는 18세기 후반 임금이 최저생계비 수준까지 하락했다.

그림15에서 보듯이 뉴잉글랜드의 경제는 이보다는 덜 번영

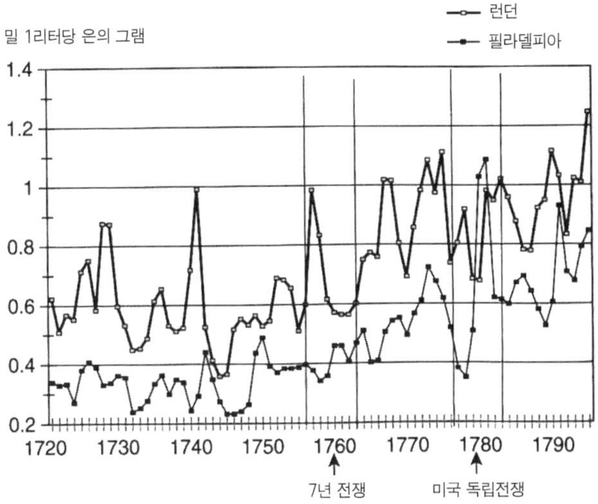
런던
필라델피아
밀 1리터당 은의 그램
1.4
1.2
1
0.8
0.6
0.4
0.2
1720
1730
1740
1750
1760
1770
1780
1790
7년 전쟁
미국 독립전쟁

그림14. 밀의 가격

했다. 18세기 초 매사추세츠의 임금은 런던과 비슷했지만 펜실베이니아보다는 낮았다. 매사추세츠는 대중이 보기에는 미국 역사에서 상징적인 장소이지만, 농업의 주요 산물이 없어 경제가 늘 불안정했다. 생선, 가축, 고래기름, 배를 포함한 목제품 등에서 수출이 발전했다. 뉴잉글랜드인들은 또한 많은 외화를 벌어들인 대규모의 조선 산업을 만들어 모국과 경쟁했기 때문에 잉글랜드의 중상주의자들을 불편하게 했다. 이 활동들이 급속히 성장하지는 않아서 뉴잉글랜드의 노동 수요는 인구의 자연적인 증가에 비해 덜 급속하게 늘어났다. 그 결과로 임금은 정체했고 뉴잉글랜드에서 외부로 이민이 지속적으로 이루어졌다.

주요 산물 이론은 캐나다를 설명하려는 목적으로 발전했지만, 여기 부합하는 최고의 사례는 카리브 해의 설탕 식민지들이다. 유럽인들은 팔레스타인에서 십자군 전쟁중에 최초로 설탕을 만났다. 그들이 추방된 후, 설탕 생산은 사이프러스로 이전되었고 결국 대서양의 섬들에서 사탕수수가 재배되었다. 1485년 포르투갈의 사오토메 점령이 전환점이었다. 그곳에서 최초로 아프리카의 노예들을 사용하여 대규모 플랜테이션을 시작했기 때문이다. 이 시스템은 나중에 브라질과 카리브 해 국가들에 도입되었고 엄청나게 큰 이윤을 가져다주었다. 17세기와 18세기에는 바베이도스, 자메이카, 쿠바, 세인트도밍고(현

최저생계비 수준과 비교한 소득의 배율

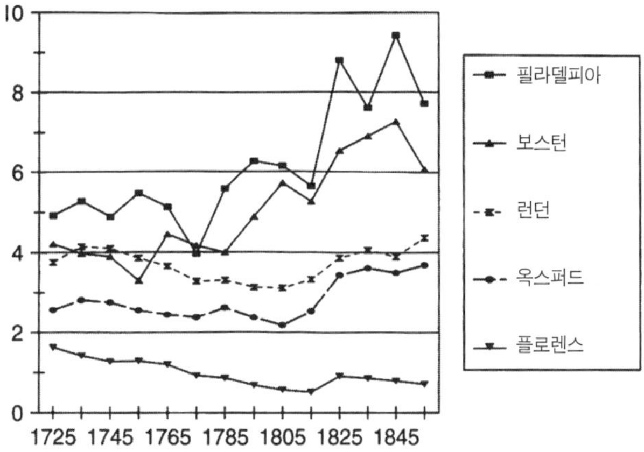

그림15. 유럽과 미국 미숙련 노동자들의 임금

재의 아이티)가 세계에서 가장 부유한 지역에 포함되었다.

카리브 해 식민지에서는 사탕수수나 커피 같은 다른 작물을 재배해 유럽에 수출했다. 이에 필요한 자본과 노동은 각각 유럽의 투자자들과 아프리카의 노예들이 제공했는데, 노예는 유럽의 이민자보다 더욱 값싼 노동력이었다. 사탕수수 플랜테이션 노동자의 사망률은 매우 높았고, 새로운 노예들은 값이 너무 싸서 노예들은 자연적인 증가가 아니라 새로운 노예 구입으로 보충되었다. 예를 들어 영국령 서인도제도에 400만 명의 노예가 끌려갔다. 그리고 1832년 해방될 때는 겨우 40만 명이 남아 있었다. 수출 물량이 식민지 경제의 규모를 결정했다. 예를 들어 1832년 자메이카에서는 설탕, 커피, 다른 열대작물의 수출이 전체 소득의 41퍼센트를 차지했다. 나머지는 플랜테이션을 지원하는 경제 활동(노예를 위한 식료품 생산, 다른 필수품, 운송, 교통 서비스, 법질서 집행, 보조적 노동자들을 위한 주택 등) 또는 집안의 하인이나 교외의 주택에 대한 농장주의 소비지출이었다. 식민지 내에서 농장주의 지출은 그들의 소득 중 작은 부분만을 차지했고, 대부분은 자메이카 내에 투자되기보다는 영국으로 이전되었다.

카리브 해 국가들의 많은 특징은 이후 미국 남부의 식민지 지역에서 그대로 나타났다. 남부 지역에는 가치 있는 주요 산물—캘리포니아 남부의 쌀과 인디고 콩, 버지니아와 메릴랜드의 담배—이 있었다. 이 작물들은 처음에는 플랜테이션에서 영국인 도제계약 하인들에 의해 생산되었지만 나중에는 아프리카 노예들이 그 자리를 대체했다. 남부는 북부 식민지보다 부자였고 더 많은 정착민을 끌어들였으며 대부분 노예들의 도착지였다.

예를 들어 사우스캐롤라이나에는 1670년에 처음 유럽인의 정착이 이루어졌다. '그러나 정착민들은 유럽 시장에 판매할 만한 어떤 상품도 없었다. 가진 것이라고는 토착 인디언들로부터 구매한 소량의 가죽과 가죽을 런던으로 운송하는 배를 채운 약간의 시더 목재뿐이었다.' 이후 수십 년 동안 그들은 주요 산물을 찾았고 결국 쌀을 발견했다. 사우스캐롤라이나의 쌀 수출은 1700년 일인당 69파운드에서 1740년 900파운드로 증가했다. 같은 기간에 노예의 수입도 1년에 275명에서 2000명으로 늘어났다. 재배 기술의 실험으로 토지와 노동 생산성이 1.5배 증가했다. 쌀을 재배한 해안 지역의 사회구조는 점점 더 설탕을 생산하는 카리브 해의 섬들과 비슷해졌다. 수출이 해안 지역 총소득의 30퍼센트를 넘게 차지했다. 이 지역의 경제는 자메이카 경제가 설탕에 기초하여 굴러갔던 것처럼 쌀에 기초하여 발전했다. 인구의 대다수는 흑인이었다.

남부 지역에서 백인 인구는 전체의 약 절반이었는데, 이들은 가족 농장이 지배적이던 내륙 지역으로 물러났다. 그들은 스스로 식량을 경작했지만, 쌀 플랜테이션에 식량을 공급하고 거기서 얻은 수입을 영국산 의류와 다른 소비재에 지출했기 때문에 자급자족과는 거리가 멀었다. 버지니아와 메릴랜드의 경제는 수출 작물인 담배에 기초하여 이와 비슷하게 굴러갔다.

영국의 식민지들은 경제적, 사회적 불평등이라는 관점에서 보면 커다란 차이가 있었다. 뉴잉글랜드와 중부 대서양 식민지들은 가장 평등했다. 이 지역에도 노예가 존재하긴 했지만 농업에서 노예제가 중요하지 않았다. 양심의 가책이나 기술적 어려움 때문이 아니라 노예들이 그들의 비용을 상쇄할 만큼 충분한 소득을 창출하지 못했을 것이기 때문이다. 이 지역들은 토지가 풍부하여 가격이 낮았고, 따라서 대부분의 소득은 임금으로 돌아갔는데 필연적으로 널리 분배되었다. 카리브 해 식민지들은 반대쪽 극단이었다. 즉 대부분의 인구가 노예였고 불평등이 매우 심각했다. 미국 남부의 식민지들은 플랜테이션의 불평등과 변경 지역 소농의 평등주의가 결합된 중간 형태였다.

그러나 북아메리카의 경제는 미래에 좋은 징조가 될 하나의 이점을 공유했다. 바로 정착한 백인의 식자율이 적어도 잉글랜드에서만큼 높았고 세계적으로 높은 수준이었다는 점이다. (표4) 미국 독립 당시 버지니아와 펜실베이니아의 자유인

중 70퍼센트가 자기 이름을 쓸 수 있었는데, 같은 시기 잉글랜드의 비율은 65퍼센트였다. 뉴잉글랜드에서 이 비율은 90퍼센트에 달했다. 이는 국가의 공립학교와 의무교육을 통해 달성된 것이었다.

이 식민지들에서 식자율은 왜 그렇게 높았을까? 잉글랜드에서 식자율이 높았던 이유와 같다. 바로 경제적 이득 때문이었다. 식민주의자들의 생활수준은 무역과 해외 시장에 의존하고 있었기 때문에 읽고 쓰고 계산하는 능력이 이득을 가져다주었다. 계약과 토지 소유권도 문서로 규정되었기 때문에 법제도 또한 읽고 쓰는 능력을 가치 있게 만들었다. 성경을 읽고자 한 청교도의 바람이 매사추세츠의 식자율을 잉글랜드나 펜실베이니아에 비해 더 높게 만들었을지도 모른다. 그러나 그들의 경제가 무역과 해운에 의존하고 있었다는 점이 그들에게 교육을 받을 더 강력한 경제적 동기를 부여했다.

라틴아메리카의 식민지 경제

라틴아메리카의 여러 지역들은 미래의 미국과 다른 발전의 궤적을 따랐고, 어떤 지역도 미국만큼 성공적이지 못했다. 우리는 라틴아메리카를 (1)카리브 해 지역과 브라질, (2)남부 원뿔 지역(아르헨티나, 칠레, 우루과이), (3)멕시코와 안데스 지역으로 구분해야 한다.

우리는 이미 카리브 해 지역의 경제에 관해 논의했다. 브라질의 발전 경로는 그와 유사했고 지역의 크기를 반영해 규모만 더 컸을 뿐이다. 브라질은 설탕을 수출하기에 유럽과 충분히 가까웠다. 사탕수수 생산은 16세기 초 포르투갈인에 의해 사오토메에서 처음으로 시작되었다. 사탕수수 플랜테이션을 일군 것은 토착 아메리카인 노예들이었지만 곧 아프리카 노예들로 대체되었고, 최초의 주요 산물 호황이 나타났다. 1580년과 1660년 사이에는 포르투갈과 스페인이 통일되었다. 스페인-네덜란드 전쟁이 포르투갈로 확전되었고, 1630년에서 1654년까지 네덜란드는 브라질의 사탕수수 재배 지역인 페르남부쿠를 점령했다. 네덜란드인들은 이 지역에서 물러나면서 사탕수수를 생산하는 지식을 가지고 갔고 사탕수수 재배를 카리브 해 지역에 도입했다. 카리브 해의 생산자들은 유럽에 더 가까웠고 브라질의 경쟁자들을 앞설 수 있었다. 암스테르담의 설탕 가격은 1589년 파운드당 4분의 3길더에서 1688년 4분의 1길더로 하락했다. 브라질의 플랜테이션은 그 가격으로 경쟁할 수 없었고 브라질의 설탕 호황은 끝나고 말았다. 다음 3세기 동안 브라질의 경제사는 금(18세기 초), 커피(1840~1930년), 고무(1879~1912년) 등 한 주요 산물 호황에서 다른 산품의 호황으로의 연속이었다. 각각의 경우 생산품은 유럽으로 수출되었고 그것을 재배하기 위해 노예나 정착민들이 유입되었다. 하지만 카리브 해의 설탕과 같이—그러나 미국과는 달리—브라질의 주요 산물 호황은 결코 현대적인 경제 성장으로 이어지지 못했다. 왜 그랬을까?

라틴아메리카의 남부 원뿔 지역은 질병, 전쟁, 유럽인들의 학대로 소수의 토착민들이 죽임을 당했다는 점에서 북아메리카와 유사했다. 팜파 지역은 적어도 펜실베이니아만큼 쇠고기와 밀을 잘 생산할 수 있었지만 식민지 시대에 아르헨티나는 유럽으로부터 너무 멀었다. 아르헨티나가 할 수 있는 것은 소량의 가죽 수출뿐이었다. 칠레는 유럽으로부터 더욱 멀었다. 이 국가들의 경제사는 그들의 수출품이 유럽에서 경쟁할 수 있을 만큼 선박이 충분히 개선된 19세기 중반이 되어서야 진정으로 시작되었다.

스페인의 가장 중요한 식민지는 멕시코와 안데스 지역이었다. 이들 지역의 역사는 정복에 따라 결정되었다. 북아메리카 정착민들은 광대한 정착지에서 살육과 방화에 기초한 경작을 실행하며 토착민들과 드물게 마주쳤던 반면, 스페인인들은 밀집한 인구, 거대한 도시, 비옥한 농업, 스페인만큼 위계적인 정치와 종교 조직, 비축된 금과 은을 만났다. 정복자들은 아스텍과 잉카의 지배자들을 굴복시키고 스스로 지배자가 되었다. 그리고 금과 은을 약탈했다. 토착 종교를 억압하고 경전을 불태운 대신 가톨릭을 강요했다. 토착민들은 그 목표가 정복자들을 시중드는, 복종하는 인종으로 전락했다. 수십만의 스페인인들이 부를 좇아서 라틴아메리카로 갔다.

아스텍과 잉카는 공납과 노동을 요구하며 시민들을 착취했다. 스페인인들도 이와 똑같았다. 이 지역 토착민들의 임금은 엄청나게 낮았다. 1530년대 전일 노동하는 멕시코 토착민은 최저생계비 수준의 약 4분의 1밖에 벌지 못했다. (그림16) 이는 가족이 생존하는 데 충분하지 않았다. 노동력 혹사가 너무 심한 나머지 1542년 스페인 국왕은 토착민 노예를 금지하고 정복자들의 권력을 제한했다.

한편 토착 인구는 급속히 감소했지만 착취를 계속 당할 만큼은 충분히 살아남았다. 강제노동이 하나의 전략이었다. 노동의 강제 징집을 위한 잉카의 제도였던 미타(mita)가 1570년대에 다시 부활하여 포토시의 은광에 노동자들을 공급했다. 멕시코는 이전 아스텍의 사례를 따라 독자적인 강제노동 형태인 레파르티미엔토[repartimiento. 공역의 형태로 노동력을 정기적으로 징발하는 제도]를 도입했다. 스페인의 왕은 또한 점령되지 않은 땅을 스페인인에게 아시엔다(hacienda)라 불리는 토지로 부여했다. 17세기 초에는 멕시코밸리 농지의 절반 이상이 이런 식으로 부유한 스페인인의 손에 들어갔다. 나머지 토지는 이동하며 농업 재배를 했던 토착 부족들이 공동으로

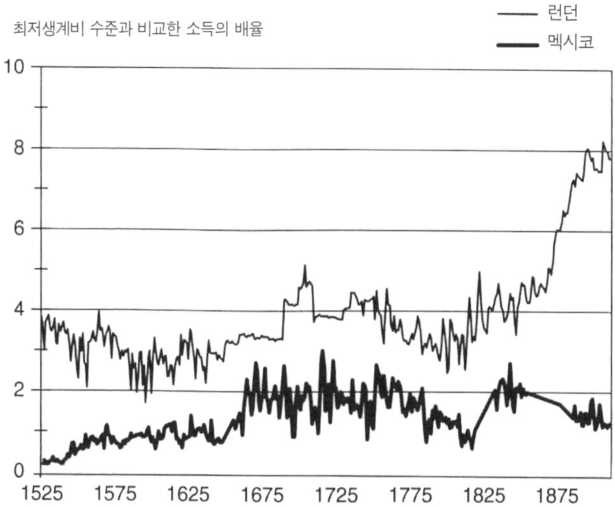

그림16. 멕시코와 런던 미숙련 노동자들의 임금

소유했다. 많은 토착 인구가 공동의 토지 소유하에서 토지를 차지한 것은 북아메리카 식민지에서는 없는 일이었다.

라틴아메리카가 북아메리카와 다른 중요한 차이는 지리였다. 페루와 멕시코는 농작물을 수출하지 못했다. 페루는 유럽에서 너무 멀었기 때문에 수출이 불가능했다는 사실이 놀랍지 않다. 사실 아메리카 서부 해안 지역의 시장은 유럽보다 아시아와 더욱 밀접히 통합되어 있었다. 스페인인들은 아카풀코와 마닐라 사이에 갤리온 범선을 운항하여 은화와 중국의 비단과 차를 교환했다. 18세기 후반, '수많은 프랑스, 영국, 미국의 배들이' 오늘날 브리티시컬럼비아의 토착민들로부터 바다표범 가죽을 구입하여 중국에 판매했다. '바다표범 가죽의 가격은 아메리카 연안에서는 높아졌고 중국에서는 엄청나게 낮아졌다.'

멕시코는 보다 복잡하다. 카리브 해 연안의 항구 베라크루스는 뉴올리언스에 비해 유럽에서 더 멀지 않았다. 그러나 멕시코의 문제는 해안 지역과 해발 수천 미터 이상의 내륙 고원 지역 사이에 상품을 운송하는 비용이 너무 높았다는 것이다. 베라크루스에서 멕시코시티로 가는 길은 18세기 중반과 1804년 여러 번 '개선되었다.' 그럼에도 불구하고 상품은 마차가 아니라 당나귀로 운송되었다. 그 비용은 농업 제품의 수입이나 수출이 이윤을 내기에는 너무 비쌌고, 따라서 국내의 제조업 보호의 정도도 낮았다. 이러한 고립은 스페인 이외의 다른 어떤 국가와도 무역을 금지하는 스페인 법에 따라 더욱 강화되었는데, 이 법은 영국과 마찬가지로 식민지 시장을 스페인 제조업자들에게만 확보해주기 위한 목적이었다.

멕시코와 안데스 지역이 수출할 수 있었던 거의 유일한 상품은 은이었다. 스페인인들은 토착민들을 정복하자마자 귀금속을 찾아 나섰다. 최대의 발견은 볼리비아의 포토시 광산(1545년)과 멕시코의 사카테카스 광산(1545년), 과나후아토 광산(1550년), 솜브레레테 광산(1558년) 등이었다.

은은 주요 수출품으로서는 심각한 문제들이 있었고, 이런 이유로 멕시코와 안데스 지역은 북아메리카의 발전을 따라하지 못했다. 첫째, 은은 인플레이션을 유발했다. 페루와 멕시코의 경제는 은화에 기초했으며 통화 공급의 증가는 가격과 임금을 세계 수준 이상으로 상승시켰다. 예를 들어 멕시코에서 밀의 가격은 암스테르담보다 4배에서 10배 더 비쌌다. 멕시코의 임금은 이탈리아나 인도보다 2배 더 높았고 안데스 지역의 임금은 멕시코보다 2배 더 높았다. 이러한 차이는 높은 운송 비용, 값싼 수입을 금지한 스페인의 무역 통제(비록 밀수는 끊임없이 문제가 되었지만), 신세계의 은이 유입되며 발생한 인플레이션에도 영향을 받은 스페인 제조업 자체의 높은 비용 때문이었다. 둘째, 은은 많은 일자리를 만들어내지 못했다.

멕시코의 은광들은 1597년 9143명을 고용했다. 포토시 은광은 1603년에 만 1~2000명을 고용했으나, 1790년경 고용된 노동자는 4959명으로 감소했다. 이 숫자는 전체 노동력에 비하면 보잘것없는 숫자였고 북아메리카의 농장에서 수출품을 생산하고 공급하는 노동자들에 비해 훨씬 더 적었다. 셋째, 은광에서 창출된 소득의 대부분은 수많은 사람에게 퍼져나가는 대신 소수의 부유한 광산 소유주들에게만 돌아갔다. 따라서 은은 라틴아메리카의 매우 높은 불평등에 기여했다.

멕시코는 북아메리카 모델 같은 주요 산물 경제가 아니었다. 1800년 멕시코의 수출은 GDP의 4퍼센트에 불과했다. 멕시코 경제의 대부분은 수출과 관계가 없었다. 따라서 멕시코의 소득 분배는 영국 식민지들과 다른 법칙을 따랐다. 북아메리카에서는 노동과 자본이 수출 기회에 반응하여 식민지에 몰려들었고, 그 수익률은 식민지에 정착민들과 투자를 위한 경쟁 상대가 될 수밖에 없었던 잉글랜드에서 결정되었다. 멕시코에서는 임금이 내부 요인—토착민 억압, 토지와 노동의 비율, 경제의 효율성 등—에 따라 결정되었다. 인구가 급감한 1650년 이전까지는 앞의 두 요인이 중요했고, 이후 인구가 증가하는 시기에는 세번째 요인이 중요했다.

1650년 이전 멕시코는 산업화 이전의 많은 경제에서 흔히 나타나는 패턴인 인구와 임금의 역의 관계를 보였다. 1520년대 스페인인들이 도착했을 때 인구는 매우 많았고 임금은 낮았다. (그림16) 사실 정복자들의 권력은 많은 인구로 인한 저임금을 더욱 낮게 떨어뜨렸다. 토착 인구가 급속히 감소하자 (노동을 억압하려는 노력에도 불구하고) 실질임금이 상승했고 17세기 중반에는 어느 정도 높아졌다. 이 정도 임금 수준에서는 전일 노동하는 노동자는 최저의 생활수준에서 가족을 부양할 수 있었다.

1650년 이후 멕시코의 인구는 100~150만 명에서 계속 증가하여 1800년 600만 명까지 늘어났다. 같은 기간에—이는 매우 중요한데—인구와 임금 사이의 역의 관계가 붕괴되었다. 인구는 증가했지만 임금은 최저생계비의 2배까지 상승했다. 노동에 대한 수요가 공급보다 더 빨리 증가할 때만 노동 공급과 임금이 동시에 상승할 수 있다. 이 시기 노동에 대한 수요는 경제 전체의 생산성 상승을 반영하는 것이었다. 농업은 유럽의 작물과 동물(밀, 양, 소)이 토착 작물(옥수수, 콩, 호박, 토마토, 칠리)과 통합되어 크게 변화되었다. 짐을 끄는 유럽의 동물(말과 당나귀)이 들어오자 운송이 혁명적으로 변모했다. 제조업은 노동분업을 촉진한 전문화된 지역의 생산 집중화와 새로운 상품(모직물)의 제조라는 새로운 동인을 얻었다. 이는 영국의 산업을 아메리카보다 더욱 생산적으로 만들고 식민지에서 제조업이 도태되도록 만든 영국 산업의 특징이었다. 이러한 식민지와는 대조적으로, 멕시코와 안데스 지역은 고립된 특징과 많은 인구로 인해 제조업의 발전이 가능했다. 물론 라틴아메리카 경제의 발전은 스페인의 지배하에서 이루어졌고, 아무리 반자유주의적이라 해도 스페인의 정책이 경제 발전을 가로막을 만큼 충분히 해로운 것은 아니었음을 보여준다.

식민지 시기에 멕시코 경제는 발전했지만, 사회는 놀랄 만큼 불평등했다. 인구는 법에 따라 인종적 범주로 구분되었고, 이 구분은 경제적 분열과 일치했다. 한 통계는 스페인인 상층계급이(인구의 10퍼센트) 총소득의 61퍼센트를 차지했고 토착민 농부들(인구의 60퍼센트)은 겨우 17퍼센트를 차지했음을 보여준다. 정확한 측정은 현재 불가능하지만, 멕시코의 불평등은 뉴잉글랜드와 중부 대서양 연안 식민지에 비해 훨씬 더 높았고, 카리브 해 지역이나 미국 남부의 플랜테이션 지역과 비슷했을 것이다. 이렇게 높은 불평등은 독립 이후의 성장에 나쁜 영향을 미쳤다.

독립: 미합중국

미국은 1776년 영국으로부터 독립을 선언했고, 스스로 정부 시스템을 확립하여 1787년 헌법을 도입했다. 미국 경제는 남북전쟁 이전 시기(1790~1860년)에 도약에 성공했다. 인구는 8배나 증가했고 일인당 소득은 2배로 늘어났다.

우리는 독립 이전 시기의 미국 경제를 주요 산물 이론의 또 다른 사례로 해석할 수 있다.

담배, 쌀, 인디고 콩의 생산은 정체되었지만, 가장 강력한 주요 산물이 그 자리를 대체했다. 바로 면화였다. 산업혁명이 전개됨에 따라 영국에서 면섬유 수요가 급등했다. 면화는 조지아에서 재배되었지만 엘리 휘트니(Eli Whitney)가 1793년 조면기(cotton gin)를 발명하기 전까지는 이윤이 큰 사업이 아니었다. 조면기 개발 이후 면화 재배는 미국 남부로 펴져나갔다. 면화는 대규모 노예제 플랜테이션으로 재배되었고 노예 수입은 1808년 의회가 금지할 때까지 증가했다. 이후 50년 동안 노예 인구는 자연적 증가에 의해 늘어났고, 노예의 증가는 면직 산업의 급속한 발전에 도움을 주었다. 1850년대에 면화는 이윤이 매우 높은 작물이었고 노예제는 남북전쟁(1861~65년) 이전까지 끝나지 않았다.

주요 산물 이론가들은 면화 수출로 미국 경제 전체가 성장했다고 믿는다. 이 견해에 따르면 중서부 지역의 농업은 플랜테이션에 식료품을 공급하기 위해 발전되었다. 이 주장은 상당한 논쟁의 대상이었다. 면화는 북동부의 산업화에 영향을 미쳤는데 이는 남부의 플랜테이션과 서부의 농장이 북동부가 생산한 제품의 시장이었기 때문이다.

미국의 산업화는 또한 19세기 경제 발전의 '표준 모델(standard model)'을 구성했던, 경제 발전을 지원하는 4개 정책에 기초했다. 첫째는 대중 교육이었다. 이 방향으로의 커다란 진보는 식민지 시기에 이루어졌고 19세기에 더욱 진전되었으며, 경제적 동인이 이를 더욱 강력히 추동했다. 다른 3개 정책들은 알렉산더 해밀턴(Alexander Hamilton)이 『제조업에 관한 보고 Report on Manufactures』(1792)라는 저작에서 최초로 제시했다. 시장 확대를 위한 교통 개선, 통화 안정과 신용 공급을 보장하는 국립은행, 산업을 보호하기 위한 관세였다. 관세가 없었다면 남부와 서부의 제조업 제품 구매가 미국의 산업화로 이어지지 않았을 것이다. 왜냐하면 식민지 시기에 그랬던 것처럼 영국이 그 수요를 채웠을 것이기 때문이었다.

미국 상원의원 헨리 클레이는 해밀턴의 제안에 '미국 시스템'이라는 이름을 붙였지만, 이 정책들은 프리드리히 리스트가 대중화한 이후 많은 국가에 도입되었다. 미국의 헌법이 주별 관세를 폐지하여 전국 시장을 위한 법적인 기초를 만들었기 때문에 헌법 자체가 이 정책을 실행하는 첫 단계였다. 나머지 단계들은 1811~18년 포토맥 강과 오하이오 강을 연결하는 컴벌랜드 도로 건설, 1817~25년 허드슨 강과 이리 호를 연결하는 이리 운하 건설, 1791년과 1816년 1·2차 은행 설립 허가, 1816년부터 시작된 관세 부과였다.

이전까지 미국의 관세는 낮았지만, 나폴레옹 전쟁은 미국의 수출을 겨냥했고 미국의 보호무역 조치와 무역 제한, 1812년 영국과의 전쟁으로 이어졌다. 미국의 제조업은 이러한 장벽 뒤에서 발전했다. 1815년 워털루에서 나폴레옹이 패퇴한 이후, 미국은 1816년 제조업을 보호하기 위해 대부분의 상품에 20퍼센트, 직물에는 25퍼센트의 관세를 부과했다. 관세율은 1824년과 1828년 인상되었지만, 높은 관세는 논란의 대상이 되었고 1846년에는 다시 낮아졌다.

북부의 경제적 이해가 미국을 지배하게 되자 보호주의는 전형적인 미국의 경제 정책이 되었다. 남북전쟁으로 연방에는 세금 수입이 더욱 필요했다. 1861년 모릴 관세(Morill Tariff)로 관세율이 인상되었다. 다음 100년 동안 관세율은 계속 인상되었고 1930년의 스무트-홀리 관세(Smoot-Hawley Tariff)로 정점을 찍었다. 1846년 곡물법 폐지와 3년 후 항해법 제정 이후 자유무역을 따르던 영국은 1932년 관세를 제정했다. 대부분의 다른 국가들도 세계적인 대공황에 똑같이 대응했다. 미국이 보호무역 시스템의 해제를 추진한 것은 2차세계대전 이후가 되어서였다. 이제 미국은 자신의 시장을 보호하는 것보다 다른 국가의 시장에 진출하는 것이 미국의 이해에 더 도움이 된다고 인식했다.

미국의 면화 제조업은 관세장벽 안에서 급속하게 발전했다.

1850년대 영국의 면화 제조업이 연간 29만 톤의 원면을 소비하여 세계에서 최대였지만, 미국도 2위였고(11만 1000톤) 6만 5000톤을 소비하여 3위였던 프랑스보다 훨씬 규모가 컸다. 면화 수출이 미국 경제에 가져다준 동력이 이렇게 급속한 성장을 이룩해낸 것을 보았다면 알렉산더 해밀턴과 헨리 클레이는 기뻐했을 것이다.

그러나 이러한 결론은 주요 산물의 수출을 너무 과도하게 강조한다. 첫째, 면화(그리고 나중에 밀)가 외화를 버는 데 중요했지만, 1800~60년에 총수출이 GDP에서 차지하는 비중은 단지 5~7퍼센트에 불과했다. 이는 자메이카의 41퍼센트는 말할 것도 없고, 펜실베이니아와 사우스캐롤라이나 연안 지역의 30퍼센트보다 훨씬 낮은 수준이었다. 면화와 밀 수출은 남북전쟁 이전 시기의 경제 성장을 추동할 만큼 충분히 규모가 크지는 않았다. 둘째, 노동시장은 주요 산물 이론가들이 예측하는 것보다 더 성과가 좋았다. 18세기 펜실베이니아의 실질임금은 잉글랜드의 실질임금보다 조금 더 높았다. 이는 만약 미국이 성장하고 유럽으로부터 이민자를 끌어들인다면 예상할 수 있는 결과였다. (그림15) 그러나 미국의 독립과 유럽의 전쟁으로 대서양 양측의 노동시장은 분할되었고, 미국의 실질임금은 계속 상승했던 반면 산업혁명 기간에 영국의 임금은 정체되었다. 1830년대에 이르자 미국의 실질임금은 영국보다 2

배가 되었다. 만약 주요 산물 모델이 작동했다면 이민으로 미국의 임금은 더욱 낮았어야만 할 것이다.

GDP와 임금의 상승은 미국이 스스로 노력해 생산성 향상을 이룩하는 능력을 발전시켰다는 것을 의미한다. 주요 산물 이론의 주요한 질문은 언제 어떻게 경제가 주요 산물에 대한 의존을 벗어나 발전하는가 하는 것이다. 분명 미국은 19세기 초반에 그러한 전환에 성공했다.

이에 대한 존경할 만한 설명은 하바쿡(John Habakkuk)의 가설이다. 변경 지역에 주인 없는 토지가 풍부했기 때문에 실질 임금이 높았고—서부로 이동하여 농장을 시작할 수 있다면 누가 낮은 임금에 뉴욕이나 필라델피아에서 일하려 하겠는가—높은 임금으로 인해 기업가들이 노동절약적 기술에 투자하여 일인당 GDP가 높아져 결국 임금이 더욱 높아졌다는 것이다. 4장에서 논의했듯이 미국은 지난 200년 동안 영국과 네덜란드와 더불어 높은 생산성, 자본집약적 기술을 계속 선도해온 몇 안 되는 경제 중 하나였다.

실제로 면직 산업에서 이러한 힘들이 작동했다는 것을 확인할 수 있다. 이 산업의 성공은 관세를 필요로 했지만 관세는 충분히 높지 않았다. 미국 면직 산업의 성공은 특히 노동절약적 기술을 만들어낸 기술 혁신에 기초한다. 노동비용이 높았기 때문에 미국 기업들은 1770년대부터 기계 사용을 시험하기 시작했다. 하지만 기계의 상업적 성공에는 기술에 경험이 많은 노동자와 경영자가 필요했다. 영국의 공장에서 일했던 새뮤얼 슬레이터(Samuel Slater)가 1793년에 최초로 상업적으로 성공한 공장을 건설하고 관리했다. 그다음 혁신은 1813년 매사추세츠 월섬에 있는 보스턴 매뉴팩처링컴퍼니에서 통합된 동력 방적·방직 공장을 건설한 것이었다. 프랜시스 캐벗 로웰(Francis Cabot Lowell)이 영국을 방문하여 동력 직조기를 본 다음 그 기억을 더듬어 설계했고 이 기업을 설립했다. 생산을 위한 모델은 로웰의 기술자 폴 무디(Paul Moody)가 만들었다. 로웰-무디 시스템의 가장 놀라운 특징은 영국의 기술을 미국의 환경에 적절하도록 상당 부분 재설계했다는 점이었다. 1820년대에 미국의 실질임금은 영국보다 높았고, 따라서 미국인들은 영국보다 더욱 빠르게 동력 직조기를 도입했다. 미국은 이제 산업 기술에서 세계를 선도하게 되었다.

미국의 진보는 면직 산업에만 그치지 않았다. 1782년 올리버 에반스(Oliver Evans)는 최초의 자동 제분기를 만들었다. 한편 19세기 이전에는 권총과 장총의 격발 메커니즘이 맞춤식이었고, 총기 제조업자는 그 메커니즘이 잘 작동하도록 각 부품들을 잘 맞추어야 했다. 프랑스인 오노레 블랑(Honoré Blanc)과 미국인 엘리 휘트니가 처음으로 교환 가능한 부품들을 고안하여 실험했지만, 1816년 절삭기계가 발명될 때까지는 대량으로 생산할 수 없었다. 1820년대 스프링필드와 하퍼스페리에 있는 미국 정부의 무기 공장들이 머스킷 총의 교환 가능한 부품을 만들어냈다. 1851년 수정궁 박람회에 전시된 미국 총기는 영국인들에게 큰 감명을 주었고, 영국은 '미국 시스템'을 연구하기 위한 대표단을 파견했다. 교환 가능한 부품의 사용은 콜트(Colt) 사 같은 민간 무기 제조업자들에게 전파되었다. 19세기 중엽에는 시계 제조업자에게도 전해졌고, 이후로는 자전거, 재봉틀, 농장 기계 그리고 결국 자동차 산업으로도 확산되어 포드의 조립 라인 시스템의 기초가 되었다. 미국 경제의 성공은 모든 산업에서 창조적인 기술의 적용을 기반으로 했다. 높은 노동비용이 기계화의 인센티브를 제공했다. 도전과 응전의 상호작용이 1차세계대전 무렵 미국을 전 세계에서 가장 생산성이 높은 국가로 만든 것이다.

독립: 라틴아메리카

라틴아메리카의 스페인 제국은 왕정과 백인 식민주의자 엘리트의 결탁으로 300년 동안 계속되었다. 스페인 부르봉 왕조의 왕들은 18세기에 현대적인 재정-군사 국가를 만들고자 했으나 식민지들은 정부 수입에 대한 요구에 저항했다. 그러나 마드리드에 대한 저항은 식민지 사회 내부의 인종적, 경제적 분열 탓에 언제나 약화되었다. 1780년 페루에서 투팍 아마루가 일으킨 반란에서 백인과 그들의 재산에 대한 광범위한 공격이 일어났다. 이는 사회 피라미드 하층부의 위험성을 보여주는 많은 불쾌한 기억 중 하나일 뿐이었다. 스페인이 지배하던 라틴아메리카는 1808년 나폴레옹의 스페인 침공으로 사실상의 독립을 위한 추진력을 얻었다. 제국의 재건은 불가능한 일이었다. 예를 들어 1810년 멕시코에서는 미겔 이달고(Miguel Hidalgo)가 지배층인 반도인(스페인 태생의 백인)에 대항하는 반란을 주도했다. 이 반란은 처음에는 크리올(멕시코 태생의 백인)의 지지를 받았다. 그러나 모든 백인을 대상으로 하는 토착민들의 폭력으로 스페인에 대항하는 통합된 운동으로 발전하지 못했고, 결국 반란은 진압되고 말았다. 멕시코는 스페인의 자유주의의 발흥이 자신들의 특권을 위협할 것이라고 우려한 크리올들의 쿠데타로 1821년 독립을 달성했다.

멕시코의 독립은 수십 년 기간의 경제 정체를 몰고 왔다. 이는 식민지 사회의 딜레마였다. 국제 경쟁의 심화는 이미 18세기 후반에 멕시코 제조업을 약화시키고 있었다. 그 결과는 인도와 같은 탈산업화였다. 알렉산더 폰 훔볼트(Alexander von Humboldt)는 '이전에 푸에블라 마을이 도자기와 모자를 만드는 훌륭한 작업장으로 얼마나 칭송받았는지' 설명했다. '18세기가 시작될 무렵, 이 두 산업의 수출품이 아카풀코와 페루 사이의 상업을 활발하게 만들었다.' 그러나 유럽산의 수입이 이 무역을 파괴하고 말았다.

> 현재는 푸에블라와 리마 사이에 거의 교류가 존재하지 않는다. 베라크루스로 수입된 유럽산 석제품과 도자기 가격이 낮은 탓에 도자기 작업장은 몰락하고 말았다. 1793년 46개 작업장이 존재했지만, 1802년에는 도자기 작업장은 겨우 16개, 유리 제품 작업장은 2개만이 남아 있었다.

실질임금은 1780년에는 최저생계비의 2배였지만 1830년대에는 거의 최저생계비 수준으로 하락했다.

직물 산업도 영국산의 수입으로 타격을 받았다. 멕시코의 직물 대부분은 모직물이었고, 면직물은 카탈루냐로부터 수입되었다. 1790년대 영국이 스페인을 봉쇄하여 수입이 금지되자, 푸에블라에서 면직물 생산이 크게 늘어났다. 그러나 1804년 이후 스페인으로부터 수입이 재개되었기 때문에 호황은 짧았다. 독립 이후 멕시코에는 값싼 영국산 면직물이 엄청나게 수입되었다. 결국 멕시코 면직물 산업은 붕괴되었다. 이에 대해 멕시코는 헨리 클레이의 미국 시스템, 리스트가 독일에 제안한 정책과 비슷한 방식으로 대응했다. 내외무부 장관 루카스 알라만(Lucas Alamán)은 수입산 면직물에 관세를 도입하고 그 수입 일부를 아비오 은행(Banco de Abío)에 전달했고, 이 은행은 새로운 공장에서 설비를 구입하는 데 자금을 지원했다. 그러나 주별 관세가 여전히 존재했고 교통은 그다지 개선되지 않았기 때문에 전국 시장은 만들어지지 못했다. 대중 교육도 무시되었다.

이러한 정책의 결과는 복잡했다. 한편으로 1835년에서 1843년 사이에 면방적 공장이 33개 설립되었다. 1840년 이후에는 실질임금도 회복되었다. 반면 기계는 수입되었기 때문에 기계 산업의 발전은 촉진되지 않았고, 기계를 설치하고 작동을 감독하는 기술자들의 경우도 마찬가지였다. 게다가 공장들도 더는 발전하지 못했다. 19세기 중반 면방적 산업은 침체에 빠졌고 다른 산업에서도 발전이 거의 이루어지지 않았다. 이는 미국에서 나타난 전반적인 발전과는 거리가 멀었다.

그다음으로 경제 성장이 뚜렷하게 나타났던 시기는 독재자 포르피리오 디아스(Porfirio Diaz)가 집권했던 포르피리아토 시기(1877~1911년)였다. 그는 19세기의 발전 전략을 알라만보다 더욱 강력하게 추진했다. 광범위한 철도 건설을 계획하고, 상품이 주 경계를 넘을 때 매기는 세금을 철폐함으로써 전국 시장을 창출했다. 또 관세 수입은 멕시코의 산업 발전을 지원하는 데 쓰였다. 부족한 자본을 국립 투자은행이 아니라 외국인 투자에 의존하는 혁신적인 정책도 시행되었다. 외국인 투자는 또한 선진 기술을 도입하는 매개체가 되었다.

포르피리아토 시기의 경제 발전은 부분적으로 성공했다. 한편으로는 몇몇 인상적인 산업의 발전이 나타났고, 일인당 GDP는 1870년 674달러에서 1911년 1707달러로 증가했다. 다른 한편으로는 외국에서 설계된 공장을 외국인 기술자들이 단순히 설치만 했기 때문에 멕시코의 기술 진보에는 별로 기여가 없었다. 이는 발전이 국가가 지원하는 산업들을 넘어서서 이루어지지 않았음을 의미한다. 게다가 성장으로 얻은 이득이 널리 분배되지 못했다. 디아스가 집권하던 시기 실질임금은 하락하는 추세를 보였다. 결국 1911년 혁명이 일어났다.

교육과 발명

왜 미국 경제가 멕시코 경제보다 훨씬 더 빠르게 성장했을까? 유력한 해석은 미국의 성공은 미국의 제도가 '질이 좋았던' 반면, 멕시코의 실패는 멕시코의 제도가 '질이 나빴기' 때문이라는 것이다. 그렇다면 어떤 제도가 문제였을까? 미국의 우위는 영국식 재산권 제도와 법원, 행정부에 대한 입법부(그리고 사법부)의 견제, (남부를 제외한) 평등주의, 민주주의, (관세를 제외한) 자유방임 정책 등이었다. 멕시코의 불리한 점은 (식민지 시기에 이룩한 성장을 고려할 때 얼마나 중요했는지는 의심의 여지도 있지만) 토착민들의 토지 공동 소유, 극심한 사회적·인종적 불평등, 식민지 유산의 최악의 특징을 영속화하는 정치 체제—관할권을 두고 갈등을 빚는 법원, 기업을 과도하게 규제하는 국가, 비효율적인 조세 제도—였다.

그러나 이러한 제도들보다는 경제 정책이 경제에 더욱 큰 영향을 미쳤다. 미국은 19세기 초에 19세기의 표준적인 발전 전략을 선구적으로 도입했다. 주별 관세를 철폐한 헌법과 새로운 기술(증기선, 철도) 발명으로 더욱 발전한 교통 덕에 전국 시장이 창출되었고, 1816년 보호관세가 도입되었으며, 통화를 안정시키기 위해 전국적 은행 제도가 설립되었고, 식민지 시기부터 대중 교육이 시작되었다. 멕시코는 이러한 정책들을 점진적으로 시행했다. 1830년대에 관세와 은행 제도가 시행되었고, 1880년 이후에야 전국 시장이 만들어졌다. 대중 교육은 20세기에 가서야 발전되었다. 이러한 교육 정책의 차이는 발전 경로의 차이를 설명하는 데 중요하다.

미국과 멕시코의 서로 다른 기술적 궤적은 기술의 수요와 공급의 차이를 반영한 것이다. 이미 1800년에 미국의 실질임금은 영국의 임금보다 상당히 더 높았다. 이러한 프리미엄은 노동력을 절약하는 기계의 수요를 창출했다. 발명이 이루어지고 생산성이 상승하자, 임금은 더욱 상승했고 이러한 과정은 자기강화적이 되었다. 반대로 멕시코에서는 임금이 훨씬 더 낮았고, 이러한 인센티브가 존재하지 않았다.

기술의 공급도 멕시코보다 미국에서 훨씬 더 많이 이루어졌다. 이것은 종교적 차이나 히스패닉 문화의 중세적 또는 비합리적 성격의 문제가 아니었다. 이는 위대한 지리학자이자 독일 과학의 중심 인물이었고 1803년에 멕시코에 살았던 알렉산더 폰 훔볼트로부터 알 수 있다. 그는 멕시코의 과학에 감명받았다.

> 신대륙의 어떤 도시도, 심지어 미국의 도시들을 포함해서도, 멕시코의 수도만큼 그렇게 위대하고 훌륭한 과학의 수준을 보여주지 않는다.

그는 멕시코의 대학, 광산 학교, 예술협회, 식물원, 과학자 등을 예로 들었다. 이러한 과학 문화는 대중 강연을 통해 널리 퍼졌고, 과학의 학습은 지방까지 전달되었다.

> 유럽인 여행자는 캘리포니아와 국경을 맞댄 멕시코 내륙에서 젊은 멕시코인들이 공기와 혼합하는 과정에서 물의 분해를 논하는 장면을 마주하면 분명 놀랄 수밖에 없을 것이다.

멕시코가 정체된 원인은 계몽의 부재가 아니라 노동력의

전반적인 기술 부족이었다. 식자율이 그 지표이다. 미국에서는 18세기 말 백인 성인의 70퍼센트 이상이 읽고 쓸 줄 알았고 1850년에는 그 수치가 100퍼센트에 가까웠다. 반면 흑인 노예들(인구의 14퍼센트)은 거의 모두 읽고 쓸 줄 몰랐고, 따라서 남성의 식자율은 약 86퍼센트였다. 멕시코에서도 백인 인구는 식자율이 높았지만 나머지는 그렇지 않았다. '백인은 지적인 교양이라고 할 만한 것을 발견할 수 있는 유일한 사람들이었다.' 멕시코에서는 백인이 인구의 겨우 20퍼센트를 차지했고 전반적인 식자율은 그 정도였다.

이러한 차이의 기술적 중요성은 미국과 영국의 발명가들의 전기에서 뚜렷이 나타난다. 거의 모든 발명가들은 읽고 쓸 줄 알았다. 그렇지 못한 이들은 기술 문헌에 접근하지 못했을 것이기 때문에 발명에 어려움을 겪었을 것이다. 또 발명가들은 사업을 운영했는데 그 과정에서 서신을 교환하고 계약서를 쓰고 특허를 얻고 고객과 협상을 했다. 이러한 일을 하기 위해서는 읽고 쓸 줄 알아야만 했다. 미국에서는 백인 성인의 대부분이 읽고 쓸 수 있어서 발명가가 될 가능성이 있었다. 멕시코에서는 80퍼센트의 인구가 배제되어 있었다. 따라서 창의적인 기술 대응의 범위가 매우 좁았다.

두 나라 사이에 이런 차이가 나타난 직접적인 원인은 명백하다. 미국에는 멕시코에 비해 학교가 더 많았다. 뉴잉글랜드에서는 국가가 설립한 학교와 의무교육 덕에 식민지 시기에 남성 인구가 거의 완벽하게 읽고 쓸 수 있게 되었다. 호러스 맨(Horace Mann)이 매사추세츠의 교육 재건을 이끌어 1852년 프러시아를 모델로 한 시스템을 도입했다. '공립 초등학교 운동'이 북부의 다른 주들로 퍼져나가, 산업의 요구를 충족시켰다. 대중 교육은 높은 관세만큼 미국적인 것이 되었다. 1862년, 그전 해에 보호관세를 주창했던 버몬트의 의원 저스틴 스미스 모릴은 대학을 설립하기 위해 연방 소유 토지를 주 정부에 교부하는 법안을 도입했다. 70개가 넘는 소위 '토지 교부 대학(land grant colleges)'이 설립되었다. 1910년과 1940년 사이에는 '고등학교 운동'으로 미국 전역에 주립 중등학교가 생겼다. 2차세계대전 이후에는 더 많은 고등학교와 대학이 문을 열었다.

20세기 이전 멕시코에서는 이와 같은 교육의 확대가 나타나지 않았다. 혁명으로 교육이 발전했지만, 1946년에 성인의 절반 이상이 여전히 문맹이었다. 20세기 후반이 되어서야 모든 수준에서 교육이 크게 확대되었다. 멕시코는 미국에 비해 200년이나 늦어버린 것이다.

미국과 멕시코는 왜 이렇게 서로 다른 길을 걷게 되었을까? 읽고 쓰는 능력과 계산 능력에 대한 수요가 식민지 시기 멕시코에 비해 식민지 시기 미국에서 훨씬 더 컸기 때문이다. 이는 북아메리카의 식민지가 주요 산물 경제였고, 그곳의 정착민들은 그들의 생산품 중 많은 부분을 판매하여 영국의 소비재를 구입하고 유럽의 생활수준을 달성하고자 기대했기 때문이다. 읽고 쓰는 능력은 상업 활동을 촉진했다. 반대로 멕시코의 토착 인구는 상업적으로 훨씬 덜 적극적이었고 따라서 이러한 능력의 쓸모가 덜했다.

라틴아메리카보다 미국 정부가 학교를 건설하는 데 더욱 적극적이었다. 뉴잉글랜드와 중부 대서양 연안 주들의 평등한 경제는 광범위하게 요구되던 교육 같은 공공 서비스를 제공하는 민주적인 정치 체제의 기반이 되었다. 반대로 백인 엘리트가 지배하는 멕시코에서 대중 교육은 지배층의 이해에 도움이 되지 않았다. 따라서 멕시코의 교육은 발전할 수 없었다. 불평등은 심각했고 정부도 소수 엘리트의 이해를 대변했다. 이는 안데스 지역과 카리브 해, 브라질 등 노예노동에 기초하여 설립된 식민지에서도 마찬가지였다. 따라서 라틴아메리카 전역에서 교육 수준이 매우 낮았다.

미국에서도 식민지 시기 가장 번영했던 지역이 노예노동에 기초한 지역이었기 때문에, 미국은 흥미로운 비교를 제공한다. 미국은 왜 자메이카나 브라질의 운명을 겪지 않았을까? 노예제 폐지와 남부의 합중국 재편입 이후, 남부의 주들 또한 매우 불평등했고 흑인 인구를 교육하는 데 관심이 없는 엘리

트들이 지배했다. 이 지역에서는 1960년대 인종분리가 철폐되기 전까지 교육의 접근성과 질이 낮았다. 이것이 남부가 미국에서 가장 가난한 지역이 된 주요한 이유였다. 미국과 라틴아메리카 사이의 주요한 차이는 사회적으로 배제된 인구의 비중이었다. 미국에서는 흑인이 전체 인구의 7분의 1을 차지했던 반면, 라틴아메리카에서는 토착민과 흑인의 비중이 전체의 3분의 2였다. 미국이 전체 인구의 70퍼센트를 흑인에게 하듯 다루었다면 그 결과는 단지 더 큰 규모의 불공평만이 아니라 국가적 실패였을 것이다. 그렇게 교육이 제한적으로 제공되었다면 미국은 결코 경제 강대국이 될 수 없었을 것이기 때문이다.

제 7 장

아프리카

아프리카의 빈곤은 새로운 일이 아니다. 사하라 이남 아프리카는 1500년에 가장 가난한 지역이었고 일인당 소득이 증가했음에도 불구하고 지금도 여전히 그렇다. 이번 장의 목표는 아프리카를 오랫동안 계속 가난하게 만든 구조와 우연한 사건들을 규명하는 것이다.

그 후보들의 '최종 목록'은 사실 길다. 몇몇 서구 사회에는 여전히 식민주의 이데올로기가 온존하는데, 이에 따르면 아프리카의 빈곤은 서구인들의 상상 속에 있는 아프리카인의 게으름이나 모자란 지능 때문이다. 더욱 현명한 버전은 아프리카인들은 전통이나 비상업적인 가치에 의해 제약을 받는다는 견해를 포함한다. 그러나 역사적으로 검토해보면 이중 어떤 것도 올바르지 않다.

아프리카의 빈곤을 제도의 문제라고 이야기하는 것도 인기 있는 설명이다. 노예무역이 흔히 제시된다. 사실 오늘날 아프리카에서 가장 가난한 국가들은 가장 많은 노예를 수출했던 국가들이다. 그러나 노예무역을 엄격하게 제한하던 국가들도 오늘날 기준으로 볼 때 여전히 매우 가난하다. 따라서 무언가 다른 요인을 찾아야 한다. 많은 아프리카 국가에서 식민주의의 목표가 아프리카의 부를 유럽으로 이전하는 것이었기 때문에 식민주의가 또다른 인기 있는 설명이다. 종속이론가들은 아프리카가 가난한 이유를 세계화의 발전에서 찾는다. 그들은 아프리카가 1차 산품 수출에 집중한 나머지 결국 장기적으로 손해를 보았다고 주장한다. 마지막으로 최근의 많은 논자는 아프리카 정부의 부패, 독재 등을 강조해왔다. 아프리카의 실패한 국가들이 서구적인 행정부로 대체되기만 했다면 경제가 도약했을 것이라는 주장이다. 물론 외국인들이 다시금 정부를 올바르게 교정할 경우에만 말이다.

오늘날 아프리카가 왜 가난한지 이해하려면 1500년에 아프리카가 왜 가난했는지 이해해야 한다. 그에 대한 대답은 지리, 인구 그리고 농업의 기원이다. 1500년의 사회경제구조가 세계화와 제국주의에 아프리카가 어떻게 대응할지를 결정했고, 그러한 대응이 아프리카를 계속 가난하게 만들었다.

아프리카와 대분기 논쟁

발전된 농업문명이 아니었기 때문에 1500년 사하라 이남 아프리카는 가난했다. 당시 그런 문명은 몇 개 되지 않았다. 서유럽, 중동, 페르시아, 인도의 일부, 중국, 일본뿐이었다. 그들은 산업혁명이 가능한 지위에 있는 나라였다. 아프리카를 포함한 세계의 나머지 지역은 그렇지 않았고, 바로 그 때문에 아프리카는 대분기 논쟁에서 제외된다.

농업문명에는 그들을 아프리카와 다르게 만들었던 많은 이점—생산적인 농업, 다각화된 제조업, 현대적 경제 성장에 필요한 제도적·문화적 자원 등—이 있었다. 이 자원들은 재산권과 상업을 조직하기 위해 필요한 문화적인 요인들—쓰기, 토지 측량, 기하학, 대수학, 표준화된 중량과 측정, 동전, 문서와 그것을 관리할 수 있는 관료들에 기초한 법적 체제—뿐 아니라, 토지의 사적 재산권과 토지 없는 노동자 등을 포함했다. 이러한 문화 요인들은 상업의 발전, 학습, 수학·과학의 발전, 근대적 기술의 발명과 확산 등에 필수적이었다. 사하라 이남 아프리카는 이러한 전제조건들을 갖추지 못했다. 이는 동남아시아, 오스트레일리아, 뉴질랜드, 유라시아 북부, 폴리네시아, 인구가 희박했던 아메리카의 많은 지역도 마찬가지였다.

아프리카의 역사적 경로는 초기 농업의 특징 그리고 이 특징과 인구의 관계에 영향을 받았다. 기원전 3000년경, 중동에서 도입된 양과 소가 (지금보다 덜 건조했던) 사하라 사막에서 방목되었고, 나일 강 계곡과 에티오피아 고원에서 밀과 보리가 재배되었다. 에티오피아인들은 나중에 테프〔볏과의 식물〕, 수수, 참깨, 겨자, 나무바나나, 커피 등을 재배하여 작물 종류를 늘렸다. 소가 끄는 쟁기로 곡물 초지를 경작하고 초지에 양과 소의 거름을 주는 혼합농업이 발달했다. 또 계단식 농지와 관개에 투자가 이루어졌다. 에티오피아는 사하라 이남 아프리카에서 선진 농업문명을 발전시킨 유일한 지역이었다. 기원전 2000~1500년경에는 차드 호수 근처에서 기장과 수수가 재배되었다. 이곳 농부들은 양을 길렀지만, 에티오피아 같은 혼합농업은 나타나지 않았다. 현재에도 기장과 수수는 소와 쟁기가 아니라 괭이를 사용하여 재배된다. 마지막으로 열대우림 지역에서는 얌〔마와 비슷한 작물〕과 야자기름이 농업의 기초가 되었다. 얌은 나이지리아에서 그때부터 지금까지 널리 재배되고 있다. 열대우림의 고유한 체체파리가 옮기는 수면병으로 말, 소, 양이 죽었기 때문에 가축 사육은 이루어지지 않았다.

서아프리카의 농업 시스템은 새로운 기회의 등장에 대응하는 것이었다. 1세기에서 8세기 사이에 아시아로부터 바나나, 열대바나나, 아시아얌, 코코얌(타로), 콩 등 새로운 작물이 도입되었다. 16세기에는 옥수수, 카사바〔라틴아메리카가 원산지인 뿌리작물〕, 땅콩, 담배 등이 아메리카로부터 도입되어 작물 종류가 훨씬 더 많아졌다. 이것들은 금세 '전통' 작물이 되었다. 이는 아프리카의 빈곤을 '불변의 전통'으로 설명하는 것이 맞지 않음을 보여준다.

작물 재배는 세계의 다른 모든 지역에서와 마찬가지로 아프리카에 항구적인 농촌 마을을 만들어냈고 출산율을 높였다. 열대 질병으로부터 자유로웠던 에티오피아의 고원에서는 인구가 급속히 증가했다. 토지가 희소해지자 국가와 귀족은 토지를 임대하거나 세금을 매겨서 생활할 수 있었다. 공동체의 재산이 사유화되었고, 원하는 곳에서 농사를 지을 권리를 잃은 토지 없는 노동자들이 나타났다. 8세기경 에티오피아 북부와 에리트레아에 다마트 왕국이 세워졌다. 이 왕국은 쟁기와 관개에 기초한 농업을 했고, 철을 다룰 줄 알았으며, 문자로 된 언어가 존재했다. 다마트는 더욱 큰 악숨 왕국으로 계승되었다.

열대 질병이 사망률을 높인 탓에 서아프리카의 인구 증가는 제한적이었다. 가장 치명적인 말라리아와 이와 관련된 모기들(열대말라리아열원충과 아노펠레스)이 얌 재배 농민들이 열대우림을 처음으로 개간한 시기와 비슷한 때에 등장했다. 개간은 이 질병들의 진화에 기여했을 것이다. 수면병 같은 다른 열대 질병에도 영향을 미쳤다.

서아프리카는 여전히 토지가 풍부한 농업 지역이었으므로

이동 경작이 그러한 상황에 적절한 대응이었다. 야코(Yakö)라 불리는 부족 집단이 그 사례이다. 이들은 나이지리아 동부의 열대우림에서 살고 얌을 주식으로 했다. 1930년대 우모르의 야코 마을에는 경작 가능한 토지가 100제곱킬로미터였다. 그러나 매년 경작되는 토지는 약 8제곱킬로미터에 불과했다. 이들은 수확 이후 토지를 6년 동안 관목 숲으로 방치했고 새로운 토지를 경작을 위해 개간했다. 경작하지 않는 토지를 고려해도 100제곱킬로미터 중 겨우 54제곱킬로미터만을 사용했다. 나머지는 아이들이나 토지를 필요로 하는 다른 사람을 위해 남겨두었다. 따라서 마을에는 토지 없는 노동자 계급이 존재하지 않았고 누구든 다른 사람의 토지를 빼앗지 않고 토지를 개간할 수 있었기 때문에, 토지를 구입하거나 빌리기 위한 수요가 존재하지 않았다.

얌을 재배하고 야자에서 기름과 술을 수확하는 일은 많은 노동을 들이지 않고도 생존을 위한 충분한 식량을 공급해주었다. 그림5의 패널A는 우모르 지역 야코 부족의 전형적인 가족의 식량 생산에 관한 정보를 제공한다. 한 가족은 남자, 두 명의 부인, 네댓 명의 아이들로 구성되었다. 이들은 매년 토지 5700제곱미터에 얌과 코코얌, 동부콩, 호박, 오크라〔아욱과의 식물〕 등 작물을 재배했다. 이들의 식사는 압도적으로 채식이었다. 사냥으로 얻은 야생동물 고기 약간, 구매한 고기 약간

표5. 1930년대 야코 부족의 소득

패널A: 식량 생산과 소비

한 가족은 남자 1명, 여자 2명, 아이 3~4명으로 구성(환산하면 성인 4.75명)

한 가족은 토지 5700제곱미터에서 호박과 오크라, 얌을 재배. 야자기름과 야자술은 개간되지 않은 토지에서 수확.

성인 일인당 식량 소비

	kg/년	Kcal/일	단백질(g)/일
얌	489.2	1,582	20.5
동부콩	12.4	114	8.0
육류	4.4	30	2.4
호박	9.6	7	0.2
오크라	9.6	8	0.5
야자기름	2.1	50	0
야자술	174.7	150	1.0
합계		1,941	32.6

얌 밭 경작에는 307일, 야자 채취에는 93일이 필요하다. 육류는 구매한다.

패널B: 판매를 위해 생산하는 야자 제품

야자기름	36파운드짜리 12캔
야자씨	747파운드
야자술	1/2갤런 93병

판매를 위한 야자 제품 생산에는 155일이 필요하다.

을 얌과 곁들였다. 이 가족은 야자기름을 소비했고 매일 야자술 1.9리터를 마셨다. 하루 에너지 섭취량은 성인 일인당 약 1941칼로리였다. 이들의 생활은 최저생계 수준에 가까웠다. 텃밭을 경작하고 야자를 수확하려면 성인 세 명이 1년 동안 도합 400일을 일해야 했다. 아프리카인들의 소비 패턴은 아마도 유럽인들이 도래하기 전까지 비슷했을 것이다.

이 지역에서는 인구 밀도가 낮고 운송 비용이 높은 탓에 대규모 시장을 떠받칠 전문화된 제조업이 존재할 가능성이 제한적이었다. 기원전 1200년경 서아프리카에 철 산업이 존재했지만, 총생산량은 적었다. 사바나 지역에서는 면화를 재배했고 수제 베틀로 면직물을 방적했다. 카노 지역에 면직 산업이 집중되어 있었지만 철과 마찬가지로 생산량은 적었다. 대부분의 사람들은 제조업 제품을 구입하는 대신 스스로 간단한 도구와 나무껍질 옷을 만들었다. 따라서 사용 가능한 소비재의 종류는 제한적이었다. 사람들은 필요를 채우기에 충분한 식량을 재배했지만, 잉여를 가지고 구입할 수 있는 것이 없었기 때문에 그보다 더 많이 재배하지는 않았다. 경작은 1년 중 일부 시기에만 이루어졌고 나머지 기간에 사람들은 여가를 즐겼다.

이러한 생산 체제에는 두 가지 형태의 정치 체제가 어울렸다. 첫째는—한 지역의 경작자들의 연합인—무리 또는 부족이었다. 이는 토지 배분을 조직할 수 있었고 토지 사용을 둘러싼 분쟁을 해결할 수 있었으며, 남자들은 다른 집단으로부터 영토를 지키는 군대를 구성했다. 리더는 '족장'이라 불렸고 족장의 지위는 설득으로 유지되었다. 이러한 정치 체제는 상대적으로 평등했다.

이동 경작에는 위계적이지 않은 사회 조직을 만든 특징이 한 가지 있었다. 경작자들이 많은 여가시간을 즐겼다는 점이다. 만약 그들이 더 많이 일해야 했다면 그들은 최저생계를 위한 수준보다 식량을 더 많이 재배했을 것이고, 여기서 발생한 잉여는 어떤 이들에게는 아무 일도 하지 않아도 되도록, 또는 (정치적 수준에서) 군대를 만들도록 해주었을 것이다. 게으름과 권력의 매력은 노예제에 대한 욕망을 억누를 수 없도록 만들었다. 문제는 토지가 상당 부분 점유되지 않은 환경에서는 노예들이 도망쳐 스스로 살아남을 수 있는 기회가 많았다는 것이다. 20세기의 영국령 콩고가 이러한 사례이다. 마을 사람들이 군사 징집이나 고무 플랜테이션 강제노동을 회피하기 위해 관목 숲으로 도망가서 몇 년을 살았다. 아프리카의 족장들은 다른 지역의 노예들을 사냥하여 이러한 가능성을 차단했다. 사로잡힌 노예들은 토착 언어를 알지 못하거나 토착 생태에서 어떻게 해야 살아남을 수 있는지 몰랐다. 물론 그 자녀들은 그 언어와 생존법을 알았다. 따라서 노예제는 한 세대 동안

만 지속되었고, 노예의 아이들은 부족의 구성원으로 허락되었다. 노예제는 유럽인들이 도착하기 전 아프리카에서 매우 흔했으며 많은 국가의 기초였다.

아프리카에도 국가가 존재했지만 농업 경제가 발달한 국가들과는 달랐다. 농업 국가들은 토지에 세금을 물리거나 국가의 재산을 임대하여 재정을 꾸려나갈 수 있었다. 그러나 아프리카에서는 토지가 너무 풍부해 가치가 없었기 때문에 이런 방식이 불가능했다. 따라서 아프리카의 국가들은 발달한 농업 사회가 사적 재산권을 조직하기 위해 사용한 측량, 계산, 기하학, 쓰기 같은 법적, 문화적 제도를 발전시키지 못했다. 예외적으로 가나, 말리, 송하이 같은 서아프리카 사바나 지역의 제국에서 농지가 공동으로 소유되었고 노예제가 광범위하게 퍼져 있었다. 그러나 국가의 수입은 (농업이 아니라) 주로 사하라 사막을 가로질러 이루어지는 상업에 대한 과세와 금 생산에서 나왔다. 이들 제국에 이슬람교가 도입되어 행정 문제들을 해결하기 위한 문서 작성과 재산법 발전에 기여했다.

노예무역

유럽인의 도래는 이동 경작을 실행하던 사회에 심대한 변화를 몰고 왔다. 유럽인들은 토착민들의 상품보다 훨씬 더 다양한 상품을 전해주었기 때문이다. 토착 아메리카인 또는 폴리네시아인, 아프리카인들이 나무껍질보다 면화로 더 나은 옷을 만들 수 있고 총이 창보다 더 치명적이라는 사실을 깨닫는 데는 결코 오래 걸리지 않았다. 1895년 매리 킹슬리(Mary Kingsley)는 가봉을 여행하며 다음과 같이 보고했다.

> 훌륭한 상인들의 정신이 시장의 일에 손대고 간섭하는 방식에 관한 그들 스스로의 설명에 따르면, 젊은이나 늙은이, 남자나 여자를 모두 포함하여 대부분의 아프리카인들은 상거래를 인생에서 가장 중요한 일로 생각하여 걸음마를 할 수 있게 되자마자 시작하여 죽을 때까지 이를 멈추지 않는다.

아프리카에서만 이런 일이 벌어진 것은 아니었다. 프랑스인이 도래하기 전까지 캐나다의 휴런 인디언들은 물을 끓이려고 그루터기를 파내고 물을 부은 뒤 뜨거운 돌을 집어넣었다. 그런 토착민들은 프랑스 모피 상인들의 주전자에 너무나 감동한 나머지 가장 큰 솥을 만든 사람은 틀림없이 프랑스의 왕일 것이라 상상했다. 유럽산 주전자, 도끼, 옷을 사기 위해 토착민들은 반대로 무언가를 팔아야 했고, 주요 산물을 발견하자 이를 수출하기 위해 더 오래 일했다. 북아메리카에서 그 산품은 바로 모피였다. 1680년경 어느 믹맥 인디언은 프랑스의 프란체스코 수도사와 이런 농담을 했다.

> 친구여, 사실은 비버가 우리에게 모든 것을 준다오. 비버는 우리에게 주전자, 도끼, 검, 칼을 주고, 우리가 땅을 가는 수고를 하지 않고도 술과 식량을 얻을 수 있게 해주네.

서아프리카는 금을 지중해와 아랍 세계에 수출했지만 16세기에 훨씬 더 중요한 수출품이 등장했다. 바로 노예였다. 아메리카의 사탕수수 경제가 노동에 대한 엄청난 수요를 만들어냈는데 이 수요를 가장 값싸게 충족하는 방법은 노동자를 사는 것이었다. 1526년 국민을 기독교로 개종하고자 노력했던 콩고의 아프리카인 왕 알폰소 1세는 포르투갈 왕 주앙 3세에게 다음과 같이 불평했다. "우리 많은 국민이 당신의 국민들이 우리 영토에 가져온 상품을 가지려고 갈망하고 있습니다. 이러한 과도한 욕구를 충족하기 위해, 그들은 우리의 많은 자유로운 흑인 국민을 사로잡아서… (해안 지역의 노예무역업자들에게) 팔아넘깁니다." 오랫동안 노예제가 시행되던 다호메이(Dahomey)나 아샨티(Ashanti) 같은 왕국들은 노예에 대한 외부의 수요가 커지자 전쟁과 약탈을 자행했다. 포로들은 해안으로 끌려가 유럽 선박들에 실려 팔려갔다. 아프리카의 왕들은 그 수입을 (자신들의 권력을 강화하고 노예사냥을 도와준) 무기, 옷감, 술 등을 구입하는 데 썼다. 1500년에서 1850년 사이, 1000만에서 1200만에 이르는 노예들이 신세계로 팔려나갔다. 또다른 수백만 명은 사하라 사막을 건너거나 홍해와 인도양을 건너서 아시아로 팔려나갔다.

합법적 상업

18세기가 되자 계몽되고 종교적인 대중의 여론이 노예제에 반대했고 1807년 대영제국에서 노예무역은 금지되었다. 이제 새로운 수출품이 노예를 대체했다. 이른바 '합법적 상업(legitimate commerce)'이다. 첫번째 새로운 상품은 야자기름이었다. 이는 비누와 초의 원료였을 뿐 아니라 기계류와 철도 설비의 윤활유로도 쓰였다. 1842년 골드코스트의 영국인 행정관 프랜시스 스완지(Francis Swanzy)는 영국 의회의 위원회에서 이 새로운 수출이 어떻게 아프리카인들에게 소비재를 구입하는 기회를 제공하여 이들이 더 열심히 일하도록 만들었는지 이야기했다.

사람들의 욕구는 매일 늘어나고 있습니다. 토착민들의 집에 가보면 유럽산 가구들을 발견할 것입니다. 유럽산 농기구들도 있지요. 그들은 더 많은 옷을 입습니다. 사실 그들의 생활은 크게 개선되고 있고 그들의 욕구는 커지고 있으니 게으르게 일광욕만 해서는 이 욕구를 충족할 수가 없죠. 그들은 일을 해야만 합니다.

면직물 의류가 영국에서 서아프리카로 수출하는 품목 중 절반 이상을 차지했고, 금속과 무기를 포함한 금속 제품이 나머지의 대부분을 차지했다. 아프리카인들이 어떻게 영국산 상품을 구입할 수 있었느냐고 물어보자, 스완지는 이렇게 대답했다.

그들은 관목 숲으로 들어가 땅을 파서 금을 캡니다. 아주 많은 이들은 야자기름을 만듭니다. 20년 전에는 수출되는 것이 거의 없었죠. 이제 그들은 많은 것을 수출합니다. 땅콩도 수출하죠.

야자기름은 이전에 노예들을 이송하던 것과 똑같은 상업 네트워크로 해안 지역으로 운송되었다. 나이지리아가 최대 수출국이었지만 서아프리카 전역에서 널리 생산되었다. 19세기 중반 야자열매에서 마가린을 만들기에 적당한 기름을 추출할 수 있다는 것이 발견되자 야자기름 무역의 상업적 가능성이 더욱 커졌다. 야자기름은 플랜테이션에서 재배할 수 있었지만, 야생에서 수확하는 개인들의 영역으로 유지되었다. 예를 들어 20세기 초 나이지리아에서는 야자기름이 야생의 숲 2

만 4000제곱킬로미터에서 수확된 반면, 플랜테이션 농장에서는 720제곱킬로미터, 소농에서는 970제곱킬로미터를 재배했다. 앞에서 논의했던 전형적인 야코 부족 가족은 15리터들이 야자기름 12캔, 야자씨 318킬로그램, 지역에서 팔리는 야자술 1.9리터들이 병 93개를 생산하기 위해 연간 155일을 더 일했다. 그들이 가장 많이 구입한 품목은 옷감과 옷이었고, (모두 수입산인) 포크와 나이프 같은 날붙이, 가정용 도구, 화장품, 장식품, 육류 등도 구입했다.

아프리카인들이 야자기름을 생산한 이유는 유럽의 상품을 구입하려는 것이었기 때문에, 그들의 인센티브는 그들이 판매하는 기름 한 통으로 얼마나 많은 옷감을 살 수 있는가에 달려 있었다. 그림17은 1817년에서 최근까지 서아프리카의 항구에서 면직물과 비교한 야자기름의 가격을 보여준다. 야자기름의 경우 면직물과 비교한 가격은 1817년에서 19세기 중반까지 급속히 상승했다. 이 기간에 아프리카인들은 야자기름으로 점점 더 많은 옷감을 살 수 있었고, 따라서 그들은 야자기름 생산을 늘렸다. 영국의 수입은 1800년 몇 톤 정도에서 19세기 중반 2만 5000톤, 1차세계대전 무렵에는 거의 10만 톤으로 증가했다.

서아프리카의 아프리카인들이 수출한 것은 야자 상품만이 아니었다. 코코아도 엄청난 성공을 거두었다. 아메리카의 고

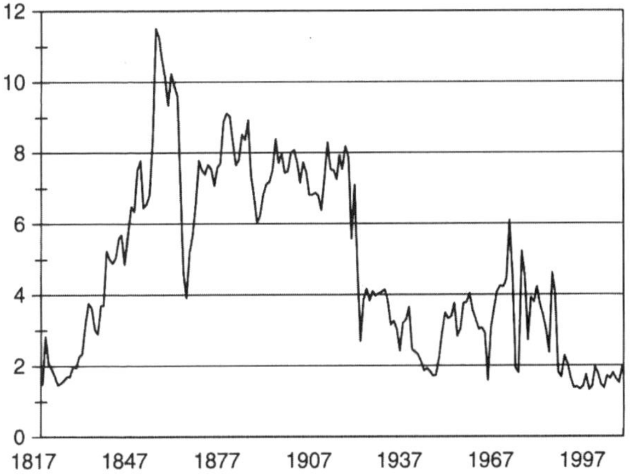

그림17. 면직물과 비교한 야자기름의 가격

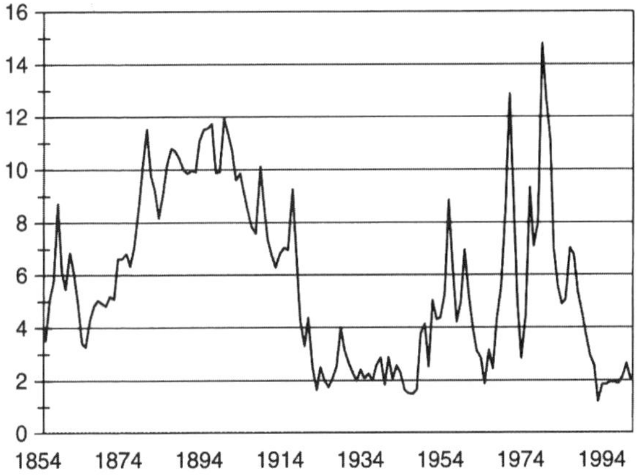

그림18. 면직물과 비교한 코코아의 가격

유 작물인 커피콩은 19세기에 아프리카에 전해졌다. 1840년에서 1880년 사이 영국에서 면직물과 비교한 코코아 가격이 2배가 되었다. (그림18) 이는 (유럽인들이 아니라!) 아프리카인들이 코코아 생산을 시도하도록 만들었고, 1890년대 가나에서 대규모로 생산이 시작되었다. 코코아는 아프리카 토착 작물이 아니었기 때문에 아프리카인들은 코코아를 재배하기 위해 숲을 개간하고 나무를 심어야 했다. 이는 어떤 부족원도 비어 있는 토지를 점유할 수 있었던 공동 재산 시스템과 갈등을 빚었다. 아프리카인들은 코코아 재배를 촉진하기 위해 자신들의 재산 제도를 수정했다. 한 가지 해결책은 나무의 소유를 토지 소유와 분리하여 주위를 둘러싼 땅에서 누가 얌이나 카사바를 재배하건 나무를 심은 사람이 그의 투자에 수익을 보장받을 수 있도록 하는 것이었다.

크로보(Krobo) 부족은 더욱 급진적인 해결책을 도입했다. 크로보 부족은 다른 부족들로부터 토지를 집단으로 구입하여 토지를 부족원끼리 개인 소유로 나누었다. 일단 토지를 개발하면 그들은 이와 같은 과정을 반복하며 가나를 가로질러 서쪽으로 진출해 결국 코트디부아르까지 이동했다. 그 결과 많은 크로보 부족원은 이 국가들을 가로질러 여기저기에 분산된 땅을 소유하고 있다. 몇몇 땅은 직접 경작하고 다른 땅은 임대한다. 이주와 정착에는 높은 수준의 투자가 필요했는데 이는 이미 산출이 나는 코코아나무에서 얻은 저축으로 충당되었다. 크로보인들은 베버의 청교도적 윤리가 현실에서 작동하는 것과도 같다.

식민주의

유럽의 식민주의는 15세기와 16세기에 현재의 기니비사우, 앙골라, 모잠비크 지역에 정착지를 세운 포르투갈인들에 의해 시작되었다. 유럽의 다른 강대국들도 노예무역을 촉진하기 위해 서아프리카 해안 지역에 항구를 건설했고, 네덜란드인들은 1652년 희망봉에 정착지를 건설했다. 19세기에는 유럽의 식민주의가 더욱 본격화되었지만, 아프리카 대륙이 제국주의 국가들 사이에 분할된 것은 19세기 말이 되어서였다.

제국주의는 전략적 이유뿐 아니라 경제적 이유로 식민지를 획득했다. 그들은 식민지가 제국의 시민들에게 정착할 곳을 제공하고 자본가들에게 수익성 있는 투자 기회를 제공할 뿐 아니라, 그들 국가에 열대 산품을 조달하는 공급처이자 그들의 제조업자의 시장이 될 것이라고 기대했다. 또 제국은 기독교를 전파하고 토착 문화를 유럽 수준으로 발전시키는 문명화의 과업을 수행하는 것이라고 여겨졌다. 제국주의 강대국들은 아무 비용도 치르지 않고 이러한 목표를 달성할 것이라 기대했다. 식민 정부에서 자체 수입으로 지출을 충당할 수 있다고 생각했기 때문이다.

식민주의는 다른 지역에 비해 아프리카에서 경제 발전에 더욱 해로운 영향을 미쳤다. 아프리카의 식민주의는 매우 나쁜 제도를 만들어냈다. 초기의 아프리카 식민지들은 북아메리카의 선례와 같이 '직접 통치'를 통해 조직되었다. 이러한 통치하에서 비록 토착민은 흔히 선거권이 없었지만 식민 정부는 영토 전역의 정착민과 토착민에게 본국의 법을 적용했다. 그러나 19세기 말에 직접 통치가 '간접 통치'로 대체되었다. 모든 인종적 차이를 인식하게 하고 외국인에 대한 지원을 대가로 그들을 잘 따르는 지도자들에게만 권력과 부를 부여함으로써, 토착민이 외세의 점령에 덜 반대하도록 만들려는 목적이었다. 이러한 체제에서 식민지 국가는 본국의 법을 정착민과 도시에만 적용한다. 시골의 토착민에 대한 통제는 그들 '종족'의 '관습'을 적용하는 '족장'에게 맡겨졌다. 따옴표 친 단어들은 이것들이 식민지 이전의 현실과는 꼭 관계가 없는, 식민지 국가의 법적인 개념임을 강조하기 위한 것이다. 아샨티 같은 왕국부터 가장 조직되지 않은 무리에 이르기까지 모든 아프리카의 정치 조직체들은 동일한 관습을 가진 동일한 실체로 여겨졌다. 그러나 사실 정치 조직체들은 복잡했고 피지배인들의 관습은 제각각이었다. 가나 북부와 나이지리아 동부처럼 이전에는 한 번도 통치되지 않았던 지역에서 부족장들이 만들어졌다. 이전까지 많은 정치 조직체는 유동적이었고, 억압적인 체제를 떠날 수 있는 사람들의 권리가 폭압적인 지배자를 견제했다. 그러나 사람들이 더이상 떠날 수 없는 부족으로 조직되자 이러한 권리는 없어져버렸다. 관습은 식민주의의 목표에 맞게 재정립되었다. 노예제 같은 '야만적인' 관습은 (비록 현실에서는 계속되었지만) 제거되었고 부불노동을 요구하는 부족장의 권리 같은 쓸모 있는 관습은 유지되었다. 이런 식으로 강제노동이 식민지의 삶에서 일반적인 특징이 되었다. 공동체의 토지 소유가 보통 관습이 되었고 사람들은 부족의 구성원이 되기만 하면—그들이 복종하는 부족장의 재량권에 따라서—농지를 얻을 수 있었다. 가능한 곳에서는 부족장을 옹위하는 전통적인 과정을 거쳤지만 결국에는 식민지 본국의 권력에 의해 부족장이 임명되었다. 부족장은 식민주의 이전의 지배자보다 더 많은 권위를 부여받았다. 새로운 형태의 부족장들은 제국의 현장감독이 되어, 세금을 징수하고 노동을 강제하며 개인의 부를 쌓기 위해 권력을 사용했다. 식민주의는 농촌 지방을 다스리며 지대추구를 하는 작은 군주들의 체제를 만들어냈다.

아프리카 식민지들이 추진한 정책들은 적어도 인도나 다른 곳에서 시행된 정책들만큼이나 경제 성장에 해로웠다. 식민 정부들은 19세기의 표준 발전 모델에서 한 가지 요소만을 도입했다. 교통의 개선이었다. 1차세계대전 무렵 사하라 이남 아프리카 지역에 3만 5000킬로미터의 철도가 개통되었다. 이는 (흔히 정부의 보증과 함께) 사적 투자로 자금을 조달했고, 내륙 지역을 항구와 연결하여 1차 산품의 수출을 촉진하려는 목적으로 건설되었다. 관세는 제조업을 진흥하기 위해서 쓰이는 대신 정부 수입을 목적으로 낮은 수준에서 유지되었다. 따라서 식민지 경제는 세계 시장에 완전히 통합되었다. 해상 운임이 감소하고 육상의 운송 비용도 하락하자, 아프리카에서 유럽산 제조업 제품의 가격이 하락했고 1차 산품의 가격이 상승했다. 경제는 이러한 변화에 반응했다. 야자기름이나 땅콩 같은 상품의 생산과 수출이 급등했다. 반대로 카노의 면직물 생산은 줄어들었다. 세계화는 아프리카 경제가 1차 산품의 생산에 전문화되는 것을 의미했다.

식민 정부들은 아프리카인을 교육하려고 하지 않았다. 이러한 과업은 기독교 선교사, 이슬람 학교 그리고 다른 독립적인 노력에 맡겨졌다. 특히 상업 활동이 읽고 쓰기를 배울 인센티브를 부여하고 그 성공으로 학교 교육에 지출할 만큼 소득이 는 크로보 부족 같은 집단에서 부분적으로 교육이 발전했다. 그러나 독립 이후까지 아프리카의 식자율은 매우 낮게 유지되었다. 식민 정부들은 투자를 조달하기 위한 국내 은행을 설립하려는 노력 또한 하지 않았다. 몇몇 식민지는 외국인 투자를 촉진했지만 외국인에게 아프리카의 자원에 소유권을 부여했기 때문에, 이는 아프리카인의 희생에 기댄 것이었다. 이런 점에서 볼 때 식민지 사이에는 커다란 차이가 있었다.

한쪽 극단에는 서아프리카의 영국 식민지들이 있었다. 이곳들은 간접 통치의 발상지로서 그 체제의 특징을 가장 완벽하게 보여준다. 대부분의 국가들은 부족장의 지배 아래 있었다. 유럽인의 토지 획득은 제한되었다. 예를 들어 1907년 나이지리아에서는 야자기름 플랜테이션을 위한 윌리엄 레버(William Lever)의 대규모 토지 사용권이 불허되었다.

이에 비해 서아프리카의 독일, 벨기에, 프랑스 식민지들은 토착민의 이해에 덜 유리한 토지 정책과 노동 정책을 도입했다. 토지는 식민 정부에 수탈되어 플랜테이션과 광산 개발을 위해 유럽 투자자들에게 주어졌다. 예를 들어 벨기에는 유니레버가 콩고에 야자기름 플랜테이션을 건설하도록 허락했다. 아프리카인들은 징발되어 플랜테이션에서 노동을 하고 철도를 건설했다.

서아프리카의 영국령 식민지 반대편 끝에는 정착민 식민지가 있었다. 남아프리카가 가장 극단적인 사례이지만 짐바브웨와 케냐 고원의 토지 수탈의 역사도 비슷했다.

1806년 영국이 점령했을 때 케이프타운 식민지에는 네덜란드, 독일, 위그노〔16~17세기 프랑스 신교도〕 정착민 2만 5000명이 있었다. 유럽인 인구는 1850년에는 10만 명으로 늘어났고, 1866년에 다이아몬드, 1886년에 금이 발견된 이후 1900년에는 100만 명으로 늘어났다. 1800년과 1900년 사이에 아프리카인의 인구는 아마도 150만에서 350만으로 증가했을 것이다. 1835년 이후 보어인들〔네덜란드계 남아프리카 이주자〕이 케이프타운 식민지 외부에서 트란스발로 진격하여, 아프리카인들에게서 엄청난 토지를 빼앗았다. 보어인들은 오렌지 자유국가(Orange Free State)와 남아프리카공화국을 세웠고, 이 둘은 1899년부터 1902년까지 치른 전쟁의 결과로 영국에 정복된 이후 합병되어 남아프리카공화국이 되었다. 영국은 보어인들과 마찬가지로 아프리카인의 토지권에 호의적이지 않았다. 토지 수탈의 정점은 1913년 토착민 토지법이었다. 이는 아프리카인들이 토착민 지정 지역 이외의 토지를 구매하거나 임대하는 것을 불법으로 만들었다. 아프리카인들이 전체 인구의 3분의 2를 차지했지만 토착민 지정 지역은 전체 토지의 7퍼센트에 불과했다.

다른 정착민 식민지에서는 이와 유사하지만 덜 극단적인 토지 분배가 이루어졌다. 예를 들어 짐바브웨에서는 급행 토지개혁 프로그램(Fast Track Land Reform Programme)이 시작된 2000년에 백인 농부 4500명이 이 나라의 최고의 토지 1120

만 헥타르를 소유하고 있었던 반면, 아프리카인 100만 가구가 토질이 나쁜 공동체 토지 1640만 헥타르에서 살고 있었다. 이러한 환경에서 재산법은 서로 이득이 되는 거래로 모든 이가 자신의 이해를 증진하도록 촉진하는 것이 아니라, 특권을 보호하는 체제일 뿐이었다.

토착민에게서 토지를 빼앗는 것은 그들의 토지를 획득할 뿐 아니라 노동을 확보하는 정책이었다. 토지 수탈의 목적에 관해 1860년대에 J. E. 카살리스 목사는 이렇게 보고했다.

> 토착민의 삶을… 극한까지 몰아붙여 농산물과 가축에 기초하여 생존하지 못하도록 하고 그들의 노동 서비스를 가정의 하인이나 노동자의 자격으로 다른 농부들에게 제공하도록 강제하는 것이다.

이러한 목적은 아프리카인을 지정 지역 내에 거주하는 이주노동자 같은 존재로 대우하는 아파르트헤이트의 노동 통제 시스템으로 더욱 강화되었다.

역사적 관점에서 본 현재의 빈곤

19세기 초반 서아프리카는 북아메리카의 식민지들과 매우 유사한 발전 경로를 따르기 시작했다. 경제는 수출 주도적이었고 아프리카인은 세계 시장의 높은 가격에 반응하여 열대우림을 개간했으며, 수입은 사업으로 다시 흘러들어갔다. 그러나 이 진취성과 진보는 현대적인 경제 성장을 촉발하지 못했다. 왜 그랬을까?

이에 대한 직접적인 이유와 근본 요인들이 존재한다. 직접적인 이유는 그림17과 18에 나와 있다. 이 그림들은 20세기 초 이후 야자기름과 코코아의 실질가격이 하락세였음을 보여준다. 이 둘의 가격은 모두 1차세계대전 시기 동안 하락했고 1930년대와 2차세계대전 시기에는 극히 낮은 수준까지 떨어졌다. (직물과 비교한) 야자기름 가격은 1차세계대전 이전 수준을 결코 회복하지 못했고 오늘날에도 1930년대 가격보다 낮다. 코코아 생산국은 이보다는 사정이 나았다. 그러나 코코아 재배 농민은 그렇지 않았다. 코코아의 세계 시장 가격은 2차세계대전 이후 불안정하게 상승하는 추세를 보였고 1890년대 가격보다 높은 정점에 이르렀다. 그러나 가나 같은 주요 코코아 수출국에서 소득 증가는 농민들이 아니라 국가에 돌아갔다. 농민들은 자신이 재배한 코코아를 국제 시장에 판매하는 대신 국유의 마케팅보드(marketing board)에 팔도록 강제되었기 때문이다. 표면적으로 마케팅보드는 안정적인 가격을 지불하여 세계 시장 변동으로부터 농민들을 보호했지만, 현실에서는 소련의 정부 조달기구처럼 행동했고 국제무역으로 증가한 잉여를 빨아들였다. 마케팅보드는 코코아 가격을 낮게 유지하여 농촌 인구를 가난하게 만들었을 뿐 아니라 코코아 생산을 늘릴 인센티브를 감소시켰다.

야자기름과 코코아의 가격 변화는 농민의 실질소득 변화로 직접 이어졌다. 그림19는 야자기름과 씨앗을 수확하는 가상의 야코 부족 가족의 하루 총실질소득을 보여준다. 이 그림은 이 기간에 그들의 효율성이 변화하지 않았다는 가정—실제의 조건—하에서 작성되었다. 야자기름으로 얻는 소득은 야자기름 가격과 동일하게 변동한다는 것을 알 수 있다. 1980년 이후 야자 생산자의 실질소득은 1930년대만큼 낮았다. 코코아 생산자의 소득도 이와 비슷한 장기적 하락을 보여준다. 특히 코코아 마케팅보드가 높은 세계 시장 가격을 재배업자들에게 지불하지 않았기 때문에 그들의 소득은 코코아의 가격이 높았던 1960년대와 1970년대에도 늘어나지 않았다. (그림 20)

오늘날 코코아 생산자들은 1913년 구매력 기준으로 하루 약 10펜스를 번다. 이는 1913년 아크라의 노동자와 같은 임금이다. 야자기름 생산자는 소득이 그 절반이다. 이러한 상황은 아프리카의 모든 농업 수출품에서 마찬가지이다. 농업이 인구의 약 60퍼센트를 고용하기 때문에 이 부문의 소득은 아프리카 경제 전체의 소득을 결정한다. 결국 아프리카인들이 가난

그림 19. 야자기름으로 얻는 하루 소득

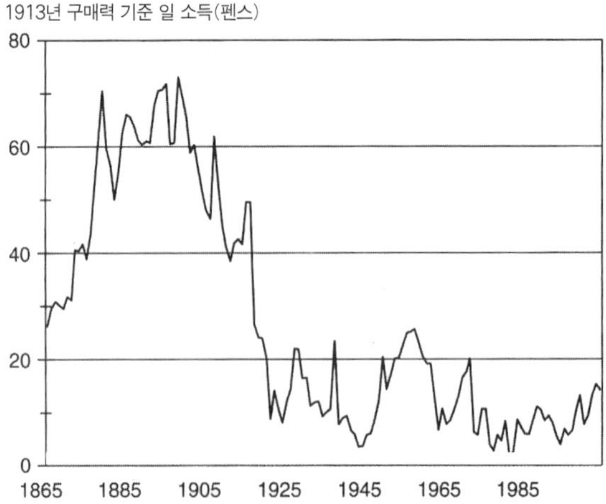

그림 20. 코코아로 얻는 하루 소득

한 이유는 아프리카 농업이 겨우 1차세계대전 시기 수준의 생활수준만을 만들어내기 때문이다.

아프리카의 농업이 더 높은 소득을 창출하지 못하는 데는 두 가지 이유가 있다. 첫째, 농업 수출품의 가격 하락이다. 여기에는 세 가지 원인이 있다. 첫번째는 대체 제품 개발과 가격 하락이다. 19세기 후반 석유 산업이 등장하면서 야자기름보다 더 낫고 값싼 윤활유가 개발되었다. 다른 석유 제품인 파라핀은 양초 제조업에서 야자기름의 부산물인 스테아린을 몰아냈고, 물론 나중에는 양초 자체가 석유램프와 전구로 대체되었다. 두번째는 아시아 생산자들과의 경쟁이다. 20세기 초반 수마트라와 말라야의 대규모 플랜테이션에서 재배된 야자는 서아프리카에서보다 더욱 잘 자랐다. 2차세계대전 이후 말레이시아와 인도네시아에서 수출한 야자기름이 세계 시장을 지배했고 아프리카인들이 받는 가격을 낮추었다. 가격이 낮아진 세번째 이유는 아프리카 자체에서 이루어진 생산의 확장이었다. 이 요인은 특히 코코아의 경우 중요하다. 코코아 생산은 여전히 아프리카에서 대부분 이루어졌고 초콜릿 제조업에서는 코코아를 대체할 제품이 없었기 때문이다. 코코아 재배는 가나에서 코트디부아르로, 서쪽으로 확장되었다. 이를 위한 노동력은 서아프리카 전역의 가난한 지역에서 공급되었다. 코코아 생산은 증가했고 가격은 하락했다. 이렇게 보면 아프리카의 빈곤은 저임금이 수출 가격을 낮추고 낮은 수출 가격이 임금을 낮춘 악순환의 결과라 할 수 있다.

코코아와 야자기름이 높은 소득을 만들어내지 못한 두번째 이유는 생산성이 낮고 정체되었기 때문이다. 부분적으로 이는 생물학적인 것이다. 독일인과 벨기에인이 야자기름에 관한 기초연구를 수행했지만 역설적으로 그 이득은 동남아시아에서 실현되었고 아프리카는 손해를 보았다. 다른 국가들과 비교하면 아프리카의 작물을 개선하기 위한 연구는 거의 이루어지지 않았다.

기계화는 생산성 상승의 또다른 요인이다. 야자기름을 생산하는 대부분의 노동은 야자를 딴 다음 그것을 처리하는 데 사용된다. 전통적인 방법은 쌓기, 발효, 끓이기, 때리기, 밟기, 적시기, 걷어내기, 짜기 등의 과정을 거친다. 때리기를 위해 막대기가 사용되고 밟기에는 발이 사용된다. 플랜테이션에서 재배된 야자의 처리 과정에는 기계화라는 거대한 진보가 이루어졌지만, 농촌에는 도입되지 못했다. 야자를 압착하고 기름을 추출하는 단순한 기계는 노동의 필요를 크게 줄이지만 그러려면 자본이 많이 필요했다. 서아프리카의 소규모 농장에서는 임금이 낮아서 이 기계들이 수익성이 없었다. 이는 4장에서 논의했던 기술의 덫의 한 사례이다. 임금이 낮은 경우 임금을 상승시키는 데 필요한 기계화된 기술의 도입이 수익성이 없게 되는 것이다. 이미 비농업 인구가 농업 이외의 일자리 수보다 많았기 때문에, 어쨌든 야자기름 처리 과정에서 노동을 해방시키는 것은 의미가 없는 일이었다.

이러한 노동시장 불균형은 지난 50년간의 사정을 반영한다. 하나는 인구 증가이다. 아프리카 인구는 1950년 이후 5배 늘어났다. 아프리카의 인구 데이터가 제한적이기 때문에 명확한 설명은 쉽지 않지만, 다른 열대지역의 경험은 인구가 증가한 직접적인 원인이 특히 유아와 노인을 포함한 사망률이 하락했기 때문이었음을 보여준다. 이는 공공보건과 현대 의료기술이 확산했기 때문일 가능성이 매우 높다.

다른 사정은 같은 시기에 아프리카가 산업화에 실패했다는 것이다. 이에 대해서는 광범위한 제도적인 설명뿐 아니라 경제적인 설명도 존재한다. 이 모두는 아프리카의 지리와 역사를 고려할 때 이치에 맞다.

아프리카에 산업이 부재한 현실에는 세 가지 경제적 설명이 제시된다. 첫째는 비교우위이다. 밀은 토지집약적이고 미국은 인구에 비해 토지가 풍부했기 때문에 북아메리카는 유럽에 밀을 수출했다. 아프리카는 북아메리카보다도 인구 밀도가 낮았기 때문에 아프리카는 토지와 자원을 집약적으로 사용하는 상품에 비교우위가 있다. 아프리카가 수출하는 1차 산품들이다. 미국의 경우 토지가 풍부했기 때문에 임금이 높았는데, 관세가 없었다면 19세기 미국의 제조업은 수입품에 경쟁력이 없었을 것이다. 그러나 아프리카의 상황은 다르다. 아프리카에서는 임금이 낮은데도 여전히 제조업 기업들이 아프리카에서 생산을 하면 수익성이 나지 않는다. 아마도 생산이 비효율적이라 비용이 높기 때문일 것이다. 생산성이 낮은 두 번째 이유는 노동자들이 교육을 받지 못해서인지도 모른다. 그러나 최근 수십 년 동안 교육은 급속히 발전해—그럼에도 뚜렷한 이득은 가져다주지 못했지만—젊은 노동자들의 교육 부족 문제는 거의 사라졌다

생산성이 낮은 세번째 이유는 다른 보완적인 기업이 부재하다는 점이다. 부유한 국가에서는 기업이 전문화된 제품과 서비스를 제공하며 서로를 지원하는 도시의 네트워크 안에서 생산이 이루어진다. 이러한 '규모의 외부경제(external economies of scale)'는 생산성을 높이고 기업이 경쟁력을 유지하면서도 높은 임금을 지불할 수 있도록 만들어준다. 아프리카는 악순환에 빠져 있다. 어떤 기업도 그러한 네트워크 없이는 사업을 시작해도 수익이 나지 않기 때문에 기업들의 네트워크가 결코 만들어지지 않는 것이다! 19세기 아프리카는 분산되어 있던 제철소, 카노의 섬유 산업 등에 기초한 네트워크가 만들어질 수도 있었지만, 식민주의가 뒷받침된 세계화로 인해 실패하고 말았다.

마지막 경제적인 설명은 기술적인 것이다. 이는 농업에 적용했던 기계화 분석을 산업 부문에 적용하는 것이다. 즉 아프리카에서는 임금이 너무 낮아서 고도로 자본집약적인 현대적 산업의 기술을 사용하는 것이 수익성이 나지 않는다. 그러니 아프리카는 또하나의 덫에 걸려 있다. 산업의 기계화가 저임금을 해결하는 수단이었지만 아프리카에서는 저임금이 기계화를 가로막은 것이다!

그러나 아프리카의 빈곤에 관한 가장 인기 있는 설명은 경제적인 것이 아니라 제도적인 것이다. '나쁜 제도'의 한 특징은 분명 기업에 나쁜 영향을 끼치는 아프리카의 고유한 전쟁이다. 빈곤이 군인들을 매우 값싸게 동원할 수 있도록 해주기 때문에 빈곤 자체가 전쟁의 원인이 된다. 저임금이 전쟁을 일으키고, 전쟁은 경제를 정체하게 만들어 저임금을 유발한다. 이는 또다른 빈곤의 덫이다. 또 잘 알려진 많은 전쟁의 요인과 문제는 식민지 간접 통치의 확립이었다. 벨기에는 투치족과 후투족 사이의 차이를 가상의 인종적 차이로 꾸며내서 르완다를 지배했다. 투치족은 성경의 인물인 함의 자손이기 때문에 더 우월한 외국인 도래자로 생각되었던 반면, 후투족은 열등한 토착민으로 간주되었다. 식민 정부는 투치족이 후투족을 다스릴 수 있도록 그들에게 교육과 기회를 더욱 관대하게 제공했다. 그러나 1959년 혁명으로 다수파인 후투족이 결국 르완다의 지배를 쟁취했다. 1990년 투치족 군대가 르완다를 침공하여 주로 후투족이던 르완다 군대를 격파했을 때, 투치족은 1958년 이래 후투족이 얻었던 이득을 위협했고 인종학살의 시대를 열었다.

'나쁜 제도'의 다른 특징은 많은 국가의 부패와 비민주성이다. 이 문제들 또한 식민 정부의 유산이다. 새로 독립한 아프리카 국가들은 인종차별이 포함되고 간접 통치를 위한 부족적 행정 구조를 심어놓은 헌법을 물려받았다. 이 국가들은 인종주의를 철폐하는 데는 성공적이었지만 부족주의를 철폐하는 데는 성공하지 못했다. 대부분의 나라에서 도시와 농촌 지역에 분리된 행정 시스템이 존재한다. 도시 지역은 현대적인 법 체제를 가졌지만, 농촌 지역은 식민지 시기에 만들어져 공동체 토지 소유를 포함해 식민 관습을 집행하는 족장이 다스리는 '부족적' 지역이다. 같은 문서에 현대적인 원칙과 관습적인 원칙을 함께 섞어놓은 단일한 법률이 도입되어 식민 정부가 지속되고 있다는 사실이 은폐된다. 따라서 아프리카의 농촌 지역 대부분은 시민들로부터 소득과 노동 서비스를 강탈하고 국가 행정으로부터 지대를 추출하는, 선출되지 않은 부패한 군주 계층이 지배하고 있다.

경제 발전이라는 목표는 농민을 통제하는 또하나의 차원을 추가했다. 1960년대의 이데올로기(서구와 공산주의 모두)는 발전을 도시 경제가 농촌을 희생하여 성장하는 과정으로 생각했다. 식민 정부는 식민주의 강대국의 이해를 위하여 농촌을 다스리는 간접 지배 시스템을 사용했다. 독립 이후에는 독립 국가의 지도자들이 그 자리를 차지하여 도시의 이해를 위하여 농촌을 희생하는 똑같은 기술을 사용했다. 족장들은 공동체 소유의 토지를 개발 프로젝트에 수용하는 데 '전통적' 토지 소유권을 사용하도록 설득당했다. 그리고 농민들을 농업 혁신에 협조하도록 강제하기 위해 퇴거라는 위협을 활용했고, 농촌 거주자들은 인프라와 플랜테이션 프로젝트를 위해 강제 노동을 했다. 국가는 농민들을 직접적으로도 강제했다. 특히 농민들은 작물을 정부의 마케팅보드에 판매하도록 강제되었다. 그 식량은 도시 노동자들에게 값싸게 판매되었고, 코코아의 사례에서 보았듯이 국제 시장에서 높은 가격에 판매되는 상품의 가격을 농민들에게 낮게 지불하여 수출 작물에 세금이 매겨졌다. 이러한 노력들은 산업의 발전은 거의 가져다주지 못한 반면, 농업의 인센티브를 억누르고 부패와 권위주의를 심화했다.

급진적인 마르크스-레닌주의 국가들은 겉보기에 다른 길을 걸었지만 결과는 비슷했다. 이 국가들은 인종주의뿐 아니라 부족주의도 철폐했다. 모잠비크의 첫번째 대통령 사모라 마셸(Samora Machel)의 말에 따르면 "국가가 살기 위해, 부족은 죽어야만 했다." 분열을 억누르기 위해 진보의 전위로서 일당독재 국가가 만들어졌다. 그러나 식민주의의 관습을 바꾸기가 더 어려웠다. 부족 지도자들이 집권 정당의 간부가 되었고 이전과 똑같이 권력을 행사했다. 이 개혁된 국가들은 발전의 이름으로 식민 정부의 통제를 도입했다. 그 속에서 강제노동도 다시 나타났다. 아프리카는 역사를 쉽게 탈출할 수 없었다.

제 8 장

표준 모델과 후기산업화

1850년경 유럽과 북아메리카는 세계의 다른 지역들을 앞서나갔다. 가난한 국가들이 어떻게 이들을 따라잡을 수 있을까가 새로운 문제였다. 식민지의 선택지는 제국주의 강대국들에 의해 제한되었기 때문에 식민지가 할 수 있는 일은 별로 없었다. 그러나 독립 국가들은 미국과 서유럽에서 성공한 표준 모델—철도, 관세, 은행, 학교—을 도입할 수 있었다. 그러나 시간이 지나자 이 전략은 이전보다 덜 성공적이었음이 밝혀졌다.

제국주의 러시아

러시아는 오랫동안 유럽에서 가장 후진적인 지역이었다. 표트르 대제(1672~1725)는 러시아를 근대적인 서구의 강대국으로 만들고자 했다. 그는 상트페테르부르크에 새로운 항구를 건설하고 주로 군사적 목적에 집중하여 많은 공장을 세웠다. 그러나 러시아는 서구를 따라잡지 못했다. 러시아가 얼마나 후진적이었는가는 크림 전쟁(1853~6년)에서 영국과 프랑스에 패배한 데서 명백히 드러났다. 근대화가 너무도 시급한 과제였기 때문에 차르 알렉산더 2세는 농노제를 철폐했다. 개혁가들은 이것이 자유로운 노동자와 사적 재산권을 만들어내 경제 성장을 촉발할 것으로 기대했지만 즉시 그렇게 되지는 않았다.

농노 해방 이후 정부는 일부 부분을 수정한 표준 발전 모델을 도입했다. 첫째, 광대한 철도 건설 프로그램으로 전국 시장을 확립했다. 1913년경에는 러시아에 7만 1000킬로미터의 철도가 개통되어 러시아를 세계 경제와 연결했다.

> (1903년) 니콜라에프에서 곡물을 판매하는 농민들은 '최신 전보에 이 곡물의 미국 가격은 얼마라고 나오는가?' 라고 물었다. 더 놀라운 것은 그들은 부셸당 센트를 푸드〔러시아의 중량 단위〕당 코페이카〔러시아의 화폐 단위〕로 변환할 줄 안다는 것이다.

둘째, 산업을 진흥하기 위해 관세가 사용되었다. 1910년경 러시아는 연간 400만 톤의 선철을 제련했다. 러시아는 미국, 독일, 영국 같은 일류 철강대국은 아니었지만, 2류 국가들 중에서는 으뜸이었다. 러시아는 또한 경제에 중요한 기계 산업을 발전시켰다. 그리고 러시아 정부는 면직물에 높은 관세를 매기고 원면에 온건한 관세를 매겨 경공업의 발전을 촉진했다. 그 결과로 현재 우즈베키스탄 지역에서 면화 재배가 발달했다. 20세기 초반 러시아의 공장은 독일만큼 많은 면화를 처리했다. 셋째, 경제 정책에서 최대의 혁신은 금융에서 있었다. 러시아의 민간 은행들은 벨기에나 독일의 민간 은행이 수행한 역할을 하기에는 너무 약했다. 대신 러시아는 외국 자본에 의존했다. 해외에 채권을 판매하여 철도 건설을 위한 자금을 조달했고 외국인 직접 투자가 러시아에 선진 기술을 도입하는 주된 수단이 되었다. 그러나 러시아의 다른 경제 환경을 고려하지 않은 채 서유럽에 맞는 사양에 따라 공장이 건설되어, 생산비용이 서유럽보다 더욱 높았다. 넷째, 1860년대 이후 교육이 확대되었다. 1차세계대전 무렵에는 성인 인구의 거의 절반이 읽고 쓸 수 있었다. 육체노동자 중에서도 읽고 쓸 줄 아는 이들의 소득이 문맹자들에 비해 더 높았기 때문에 교육은 많은 사람에게 매력적인 일이었다.

(수정된) 표준 모델은 러시아의 중공업 비중을 1885년 GDP

의 2퍼센트에서 1913년 8퍼센트로 높였지만, 여전히 농업이 경제에서 가장 큰 부문이었다. (농업의 비중은 같은 기간에 59퍼센트에서 51퍼센트로 하락했다.) 밀의 세계 시장 가격이 상승하여 이 기간에 농업 생산이 2배로 늘었고, 농업이 GDP 증가의 대부분을 차지했다. 차르 시대의 경제 성장은 관세에 기초한 산업화에 일부 영향을 받기도 했지만 주로 농업 호황 덕분이었다. 이런 경제 성장은 1차세계대전 이후 그랬던 것처럼 밀의 세계 시장 가격이 폭락하면 쇠퇴할 것이었다. 따라서 서구를 따라잡으려면 새로운 경제 모델이 필요했다.

러시아에서 표준 모델의 제한적인 영향을 보여주는 지표는 노동시장의 상태였다. GDP의 증가에도 불구하고 노동 수요는 인구를 완전히 고용할 만큼 충분히 증가하지 않았다. 따라서 임금노동자들은 여전히 최저생계 수준에 머물렀으며 성장이 만들어낸 추가 소득은 산업 소유자들과 토지 소유자들에게 각각 이윤과 지대로 돌아갔다. 이는 사회 갈등의 도화선이 되었다. 이러한 불균등한 발전은 1905년의 반란 그리고 더욱 폭발적인 1917년 혁명으로 이어졌다. 표준 모델은 러시아를 변화시키는 데 실패했고 러시아는 결국 스스로 파멸했다.

일본

일본은 서구를 따라잡은 최초의 아시아 국가이기 때문에 특별히 흥미로운 사례이다. 일본의 역사는 네 개 시대로 나뉜다. 도쿠가와 쇼군이 일본을 다스렸던 도쿠가와 시대(1603~1868), 메이지 천황이 권력을 되찾고 경제적 근대화가 시작된 메이지 시대(1868~1905), 중공업 발전이 시작된 제국주의 시대(1905~40), 마지막으로 일본이 서구의 선진국들을 따라잡은 고도성장 시대(1950~90)이다.

비록 경제 성장을 해치는 많은 제도가 존재했지만, 일본의 성공은 도쿠가와 시대에 뿌리를 두었다. 일본 사회는 계급—사무라이, 농민, 장인, 상인—으로 나뉘어 있었고, 수백 개의 영지로 나뉜 정치 조직은 다이묘라 불린 영주들이 지배했다. 영지는 몰수될 수도 있었고, 이는—엘리자베스 치하의 영국과 비슷하게—최상층의 재산권을 불안정하게 만들었다. 국제무역과 거래에는 매우 엄격한 규제가 가해졌다. 중국, 한국, 네덜란드 선박만이 일본 내로 들어오는 것이 허용되었고, 네덜란드인들의 활동은 나가사키의 조그만 정주지에 제한되었다.

도쿠가와 시대에 기술은 발전했지만 기술 개선의 특징은 영국과 정반대였다. 동아시아에서는 임금이 낮았기 때문에 일본인들은 토지, 자본, 원료의 생산성을 높이기 위해 노동의 고용을 늘리는 기술을 발명했다. 예를 들어 곡물 수확을 늘리기 위해 관개시설을 건설하는 데 노동자를 동원했다. 아카마이 같은 새로운 종류의 쌀을 재배했고, 물 관리를 개선한 덕분에 밀, 면화, 사탕수수, 뽕나무, 유채 같은 2기작 작물을 재배할 수 있었다. 괭이 대신 쟁기와 짐을 끄는 동물을 사용하면서, 농민들은 면적당 더 많은 노동과 더 적은 자본을 사용했다.

제조업의 생산성도 개선되었다. 생산의 증가가 세수를 늘렸기 때문에 영주들은 산업을 유치하려고 노력했고 생산성을 높이는 연구를 지원했다. 비단의 경우, 영국식을 따라 (이를테면 시계장치와 자동기계에서 착안한 기어와 벨트 시스템을 적용하는) 기계를 사용하려고 시도했지만 이 실험은 경제적이지 않다는 이유로 포기해야 했다. 대신 선택적 교배와 온도 관리로 성숙 시간을 단축하고 누에고치가 생산하는 비단의 양을 4분의 1이나 끌어올렸다. 광업에서는 기계화된 배수 시스템이 알려졌지만 쓰이지는 않았다. 대신 수많은 노동자가 그 작업을 수행했다. 이와 비슷하게 광석으로부터 금속을 최대한 추출하는 데에도 수많은 노동력이 지출되었다. 하나의 예외가 사케였다. 수력에 기초한 자본집약적인 공장들이 설립되었는데, 이는 정부가 양조장이 영업할 수 있는 시간을 제한하여 사케 생산을 통제했기 때문이었다. 이러한 규제는 주어진 시간에 사케를 최대한 많이 생산하는 공장을 설계하도록 만들었다.

도쿠가와 시대의 발전은 불균등한 번영을 낳았다. 17세기에 인구와 쌀 수확량이 동시에 증가했지만, 노동자들의 임금은 최저생계 수준에 머물렀다. 도쿠가와 말기와 메이지 초기, 평균적인 사람은 하루에 1800칼로리를 소비했다. 칼로리와 단백질 대부분은 고기나 생선이 아니라 쌀, 감자, 콩에서 얻었다. 그 결과로 키가 작아 남자는 평균 157센티미터, 여자는 평균 146센티미터였다.

그럼에도 많은 사람이 보다 풍요로운 생활방식을 즐겼다. 인구의 약 15퍼센트가 도시에 거주했다. 인구 100만의 에도(현재의 도쿄)를 비롯해 오사카, 교토(각각 40만)는 당시 세계에서 가장 큰 도시에 속했다. 평균수명도 늘었다. 농민들이 '휴식일'을 가지고 여행을 즐기자 여가도 늘어났다. 농업사회치고는 취학률도 매우 높았다. 1868년 소년의 43퍼센트와 소녀의 10퍼센트가 학교에 다녔고 읽기와 산수를 배웠다. 성인 남성의 절반 이상이 읽고 쓸 수 있었다. 가르침과 즐거움을 위한 독서가 광범위하게 퍼져 있었다. 웬만한 사람들이 사기에는 책값이 너무 비쌌지만 대여가 가능했다. 1808년 에도에는 656개의 대여 책방이 있어 (인구의 거의 절반인) 약 10만 가구에 책을 제공했다. 높은 교육 수준은 일본 경제의 상업화 때문이었을 텐데, 이는 훗날 경제 성장의 기반이 되었다.

도쿠가와 시대의 일본은 놀라운 수준의 기술과 행정 역량을 이룩했다. 이는 나가사키에 최초로 철강 주조소를 건설한 데서 명백하게 알 수 있다. 군사적인 필요가 동인이 되었다. 1808년 네덜란드인들의 선적을 공격하기 위해 영국의 페이튼호가 나가사키 항에 등장했다. 페이튼호는 식량을 제공하지 않으면 나가사키를 포격하겠다고 위협했다. 일본인들은 스스로를 보호할 철제 화포가 없었다. 이를 주조할 용광로가 없었기 때문이다. 나가사키를 다스린 영주가 되었고 서양 과학의 열렬한 옹호자였던 나베시마 나오마사(鍋島直正)는 화포 주조소를 만들기 위한 팀을 꾸렸다. 이 팀에는 철 기술을 가진 장인과 과학자가 포함되었다. 이들은 레이던 주조소를 서술한 네덜란드 책을 번역해 이 주조소를 복제해냈다. 1850년 이들은 반사식 용광로 건설에 성공했고 3년 후 철제 화포를 주조했다. 이 조직은 1854년 최신 기술의 개머리판 장전식 암스트롱 총을 영국으로부터 수입했고, 복제품을 만들었다. 1868년 일본에는 철을 주조하는 용광로가 11개 있었다.

메이지 유신

1839년 영국은 동인도회사에서 가장 수익이 높은 상품 중 하나였던 아편을 중국이 수입하도록 강제하기 위해 중국을 공격했다. 1842년 중국이 패배함으로써 도취된 제국주의는 더욱 의기양양해졌다. 일본이 그다음이 될 것인가. 그렇게 될 것처럼 보였다. 1853년 미국의 페리 제독이 전함 네 척과 함께 일본에 도착하여 일본에 해외 무역 제한을 철폐하라고 요구했기 때문이다. 현대적인 해군이 없던 일본은 미국, 영국, 프랑스, 러시아와 조약에 동의하고 서명을 해야만 할 것이라고 생각했다. 충분한 해군력을 만드는 것이 급선무였다. 도쿠가와 쇼군은 일본의 안보를 개선하려고 몇몇 조치를 취했다. 그러나 많은 이는 너무 미약하고 너무 늦은 조치라고 생각했다.

1867년 메이지 천황이 왕위에 올랐다. 근대화주의자들은 사실상의 쿠데타를 실행했고 최후의 도쿠가와 쇼군은 그의 권력을 포기했다. 근대화주의자들의 슬로건은 '부국강병'이었다.

새 정부는 대대적인 개혁 조치들을 도입했다. 모든 봉건 영지는 천황에게 '양도되었고' 190만 명의 사무라이들은 정부채권으로 보상을 받았다. 네 개의 계급은 폐지되어 누구나 계급 구별 없이 어떤 직업이건 가질 수 있게 되었다. 농민들은 토지 소유권을 보장받았고 근대적인 재산권이 확립되었다. 봉건 영주에게 지급하던 지대는 정부에 납부하는 토지세로 대체되었고, 이것이 1870년대에 가장 많은 정부수입을 차지했다. 1873년 보편적 징병제를 기반으로 서구식 군대가 설립되었다. 이로써 과거에 유일하게 무기 소유를 허가 받았던 사무라이의 특권이 더욱 약해졌다. 1890년 프러시아 모델에 기초한 입헌군주국을 만드는 성문헌법이 도입되었다.

메이지 시대 일본이 얼마나 급진적이었는지는 간단한 사례—시간의 측정—에서 알 수 있다. 일본의 전통 시계는 일출에서 일몰까지를 여섯 시간으로 나누고 일몰에서 일출까지를 또다른 여섯 시간으로 나누었다. 따라서 낮시간과 밤시간의 길이가 서로 달랐고, 게다가 각각의 길이는 1년 중에 시기에 따라 변동했다. 도쿠가와의 시계 제조업자들은 이러한 시간들을 반영하기 위해 서구의 기계식 시계를 교묘하게 수정하는 작업을 했다. 1873년 일본 최초의 철도가 완성되었을 때, 메이지 정부는 시간표를 발표하는 문제에 직면했다. 정부는 1년을 주기로 출발과 도착 시간이 변동하는 복잡한 시간표를 쓰는 대신, 전통적인 일본 시간제를 폐지하고 서구식 24시간 시계를 도입했다. 근대적인 교통은 근대적인 시간을 필요로 했던 것이다.

메이지 시대의 경제 발전

메이지 정부는 아마도 서유럽과 북아메리카에서 성공한 표준 모델을 따라 일본을 발전시키고자 했을 것이다. 그러나 그들은 그 발전 모델의 네 가지 요소 중 두 가지만을 쉽게 도입할 수 있었다. 첫째는 영지 사이의 관세를 철폐하고 철도망을 건설하여 전국 시장을 확립하는 것이었다. 둘째는 보편적인 교육이었다. 1872년 초등교육이 의무화되었고 1900년이 되자 학령기 아동의 90퍼센트가 취학했다. 중등학교와 대학도 설립되었지만 제한적이었고 매우 경쟁이 심했다. 일본인 수천 명이 해외로 나가 공부했다. 그 결과 다른 가난한 국가들에 비해 일본에서는 교육이 훨씬 더 일찍 발전했다. 표6은 일본과 인도네시아를 비교해서 보여준다. 인도네시아의 경험은 대부분의 아시아와 아프리카 국가들을 대표한다. 일본에서는 19세기 말 전체 인구 중 상당히 높은 비율(10.8퍼센트)이 교육을 받았고 2차세계대전 무렵에는 현대적인 수준(19.7퍼센트)에 도달했다. 반대로 인도네시아는 일본에 비해 여러 세대 뒤처졌다. 대중 교육은 일본이 성공적으로 현대적 기술을 도입한 중요한 이유였다.

표준 발전 모델의 다른 요소들—투자은행과 보호관세—은 실시하기가 어려웠다. 도쿠가와 시대의 일본에는 근대적인 은행이 없었다. 메이지 정부가 최초의 은행을 허가했지만 시스템은 혼란스러웠다. 일본이 독일 방식을 따라 은행 시스템을 발전시키는 데는 50년이 걸렸다. 메이지 시대 초기에는 국가가 벤처 자본가로서 행동하여 그 공백을 메웠다.

1866년 일본이 서구 강대국들과 맺은 조약은 관세의 상한을 5퍼센트로 규정했기 때문에 일본이 산업 발전을 촉진하는

표6. 총인구 중 취학 인구의 비율

	일본	인도네시아
1870	2.5	0.1
1880	6.7	0.1
1900	10.8	0.4
1913	14.1	1.1
1928	17.5	2.8
1940	19.7	3.4
1950	22.3	7.0
1973	17.2	13.6
1989	18.8	23.9

데 관세를 사용하기란 불가능했다. 대신 일본 정부는 '선별적 산업 정책'으로써 경제에 직접 개입했다. 가장 중요한 행위자는 내무성과 공부성이었고, 이 부처들은 현대적 기술의 수입을 담당했다. 공부성은 1870년대와 1880년대 일본의 철도와 전신 시스템을 확립했다. 초기에는 외국인 기술자들이 이 프로젝트를 주도했지만, 오사카에 일본인 기술자들을 훈련하는 학교가 설립되어 일본인이 외국인 기술자를 급속하게 대체했다. 일본인이 그 프로젝트를 관리한 이유 중 하나는 정부의 조달 정책이 일본의 산업을 발전시키도록 보장하기 위한 것이었다. 예를 들어 일본의 도기 업자들이 전신선에 쓰이는 절연체를 제조하는 계약을 얻었고, 이런 식으로 공업화된 도기 산업이 만들어졌다.

1870년대와 1880년대에 두 부처는 민간 기업들은 현대적인 기술을 충분히 신속하게 도입하지 않을 것이므로 국가가 기업가가 되어야 한다는 가정하에서 사업을 진행했다. 이를테면 선진적인 수입 기계를 사용하여 국유 광산과 공장을 설립하는 식이었다. 그러나 대부분 상업적으로 실패했다. 예를 들어 1872년 프랑스제 기계와 증기기관을 사용하는 토미오카 비단 제조 공장을 설립했으나, 늘 적자였다. 1880년대에 일본 정부는 산업 시설 대부분을 민간에 매각하고, 국가가 수립한 계획 내에서 경영 의사결정을 하는 민간 기업에 의존했다. 일본 기업들은 수입된 기술을 일본의 조건에 맞게 재설계하여 수입 기술의 문제를 해결했다.

시간이 지나자 일본은 더욱 심각한 문제에 직면했다. 현대적 기술은 서구의 상황에 맞게 서구 기업들을 위해 설계된 기계와 공장의 사양에 나타나 있었다. 19세기 후반 서구의 임금은 일본보다 훨씬 더 높았기 때문에 서구의 설계는 노동을 절약하기 위해 더 많은 자본과 원료를 사용했다. 이러한 구성은 일본에는 부적절했고 결국 비용을 더 상승시켰다. 몇몇 국가들은 이렇게 부적절한 기술 탓에 정체되었지만 일본인들은 훨씬 더 창조적으로 대응했다. 자신들의 저임금 경제에 맞게 서구의 기술을 재설계해서 비용 면에서 효율적으로 만들었던 것이다.

비단 생산이 그 사례였다. 토미오카 공장이 적자를 볼 때, 츠키치의 상인 오노 가문이 토미오카 공장과 마찬가지로 유럽에서 기원한 기계를 사용하는 공장을 건설했다. 그러나 이 공장의 기계는 금속이 아니라 나무로 제작되었고, 증기기관이 아니라 사람이 크랭크를 돌려 동력을 얻었다. '스와 방식'〔Suwa method. 서구의 생산 기술을 발전시킨 메이지 시대의 비단 생산 방식. 나가노 현 남부 스와 지역의 지명에서 이름을 따왔다〕처럼 일본에서는 서구의 기술을 수정하는 것이 흔한 일이 되었다. 값비싼 자본을 덜 사용하고 값싼 노동을 더 많이 사용했다는 점에서 일본에 적절한 기술이었다.

면화도 마찬가지였다. 방적기를 사용하여 면사를 방적하려는 초기의 시도는 성공적이지 않았다. 가운 토키무네가 발명한 가라보〔대나무 등으로 만든 관에 면화를 넣고 돌려 실을 뽑는 목재 방적기〕가 훨씬 더 성공적이었다. 지역의 목수들은 가라보를 싼값에 생산할 수 있었고(따라서 자본을 절약했다) 경쟁 상대였던 손 물레로 생산한 면사와 비슷한 면사를 생산했다. 가라보는 메이지 시대의 고위급의 프로젝트는 아니었지만 가운의 현에서 운영하는 생산발전협회로부터 지원을 받았다.

일본의 성공 경험은 인도와 뚜렷이 비교된다. 1870년대 봄베이에서 급속히 성장한 면사 방적 산업은 영국산 방적기를 사용했고 인도의 공장은 영국과 같은 방식으로 운영되었다. 인도의 산업에서는 자본을 절약하기 위한 어떤 체계적인 시도도 이루어지지 않았다. 그러나 일본에서는 그러한 시도가 나타났다. 기초 단계는 공장을 하루에 11시간제 2교대로 운영하는 것이었다. 영국과 인도에서는 1교대가 보통이었다. 2교대제는 노동시간당 자본을 절반으로 줄였다. 1890년대 이후 일본에서는 뮬 방적기 대신 고속 링 스핀들이 설치되었다. 이러한 기술 변화는 모두 자본에 비해 노동의 고용을 늘리고 비용을 줄였다. 20세기가 되자 일본은 세계에서 가장 낮은 비용으로 면사를 방적하는 국가가 되었고 영국뿐 아니라 인도, 중국과의 경쟁에서도 이기게 되었다.

적정한 기술 개발은 농업 분야에서도 나타났다. 1870년대에 일본에서 미국의 농업기계를 실험했지만, 너무 많은 자본을 사용했기 때문에 성공적이지 않았다. 반면 더 많은 노동을 사용하더라도 토지의 생산성을 향상하려는 노력은 더욱 성공적이었다. 1877년 오사카 근처에서 신리키 벼가 개발되었다. 이 벼는 비료를 주고 논을 완전히 갈면 수확량이 높았다. 농무성은 노련한 농민들의 조직에 협력을 요청하여 이 재배법을 일본 전역에 전파했다. 메이지 시대에—희소하고 값비싼 생산요소였던 토지의 생산성을 끌어오려는 발명이 집중되자—농업 생산량은 꾸준히 증가했고 경제 성장에 중요한 기여를 했다.

제국주의 시대, 1905~1940

메이지 시대에 일본 사회는 크게 정비되었지만, 경제구조의 변화는 점진적이었다. 경제의 주력 산업은 전통적인 분야—차, 비단, 면화—였다. 이 상품들을 수출하여 번 돈으로 기계류와 원자재를 수입했다.

1905년에서 1940년 사이에 산업의 성장에 속도가 붙었고 특징도 변화했다. 제조업 비중이 1910년 GDP의 10퍼센트에서 1938년 35퍼센트로 높아졌다. 전후 일본의 경제 성장을 주도하게 된 금속 산업, 기계 산업, 화학 산업이 이 시기에 일구어졌고, 이 상품을 생산하는 기업들도 유명해졌다.

이러한 발전은 표준 발전 모델의 완전한 실행과 동시에 나타났다. 일본 정부는 1894년과 1911년 관세에 대한 주권을 회복하자마자 산업을 보호하기 위해 관세를 인상했다. 1920년대가 되자 은행 시스템은 산업 발전에 자금을 조달할 수 있을 정도로 성숙했다. 또 일본은 선별적인 산업 정책 체제를 계속 유지했다. 이러한 정책 수단들의 결합은 중공업을 진흥하는 데 특히 강력했다.

1905년 전략적인 목적으로 야와타 철강 공장이 건설된 것이 그 첫 단계였다. 이 공장은 국가 소유였고 수익이 나기까지 수년 동안 보조를 필요로 했다. 전쟁으로 유럽으로부터 수입이 불가능해졌기 때문에 1차세계대전은 일본 기업들의 발전을 촉진했다. 1차세계대전 이후 군부가 민간 기업들과 함께 연구를 담당했으며, 정부조달 계약 덕에 자동차, 트럭, 항공기 같은 주요 산업이 발전했다. 대기업에 자금을 조달하는 은행과 함께 지주회사가 대기업들을 소유했다. 이들 자이바츠[재벌을 가리키는 일본어]가 생산을 조정했고 산업에 투자를 했다.

자이바츠는 저축과 투자를 늘려 일본에 부족한 자본 문제를 해결하고자 했고, 이들의 경영진은 적절한 기술을 발명하여 직면한 요소가격에도 대응했다. 고임금 환경에서 사업을 하던 미국 기업들은 노동을 절약하는 고도로 기계화된 조립라인 생산 시스템을 발명했다. 반면 일본 기업들은 원자재와 자본을 절약했다. 일본의 가장 유명한 제품 중 하나는 미쓰비시의 제로센 전투기였다. 이 전투기는 4000미터 고도에서 최고 시속 500킬로미터로 비행했는데 이는 엔진 동력을 향상한 덕이 아니라 기체의 무게를 줄였기 때문에 가능했다. 1930년대에 개발된 방법 중 하나는 '적기(just in time)' 생산이었다. 일본 기업들은 부품을 필요한 만큼만 생산했고 재고를 남기지 않았다. '적기' 생산은 너무나도 생산적이어서 이제 자본이 비싼 곳뿐 아니라 값싼 환경에서도 사용되고 있다.

차르의 러시아 또는 멕시코와 달리, 일본에서 외국인 투자는 서구의 기술을 수입하는 경로로서 상대적으로 중요하지 않았다. 대신 일본 기업들은 서구의 기술을 베끼거나 일본 상황에 맞게 재설계하기 위해 자체 연구개발 부서를 설립했다. 기업들은 국가로부터 지원을 받았다. 1914년 독일산 전기 터빈 수입이 불가능해지자 히타치는 정부 수력발전 프로젝트에 쓰일 만 마력 규모의 터빈을 생산하는 계약을 땄다. 이전까지 히타치가 생산했던 최대의 터빈은 100마력짜리였기 때문에 많은 학습이 필요했고 결과적으로 그 경험은 히타치의 기술력을 강화했다.

일본은 표준 발전 모델의 적용에 성공적이었지만 한계도 있었다. 한편으로 선진 기술에 기초한 도시화된 사회가 만들어졌다. 일인당 GDP는 1870년 737달러에서 1940년 2874달러로 높아졌다. 대부분의 제3세계에 영향을 끼친 불황을 고려하면 대단한 업적이다. 다른 한편으로 일인당 소득의 증가율(연 2퍼센트)은 매우 높지는 않았으며 미국의 1.5퍼센트보다 약간 높았다. 만약 1950년 이후 이 성장률이 지속되었다면 일본이 미국을 따라잡는 데는 327년이 걸렸을 것이다. 매우 긴 시간이다.

경제 성장이 느렸기때문에 일본의 노동시장은 러시아, 멕시코와 마찬가지로 미약했다. 대기업은 고임금을 지불했지만 노동에 대한 수요가 미미했기 때문에 농업과 소기업의 임금은 여전히 낮았다. 이 부문들은 손기술을 계속 사용하거나 간단한 기계만을 사용했다. 현대와 전통 부문 사이의 공존도 나타났다. 현대적인 생산 공정의 한 단계를 소규모 수공업 방식으로 더 저렴하게 작업할 수 있으면 그 공정은 소기업에서 도급을 받았다.

라틴아메리카

라틴아메리카는 표준 모델을 시도한 가장 최근의 사례이다.

라틴아메리카 남부 지역 국가들이 세계 경제에 통합되었을 때 이 실험이 시작되었다.

멕시코, 안데스 지역, 브라질, 카리브 해 지역은 16세기 이래 세계 경제의 일부분이었지만 라틴아메리카 남부 지역은 유럽과 무역하기에는 너무 멀었다. 1860년 이후 효율적인 증기선이 도입되자 아르헨티나와 우루과이의 밀 수출, 태평양 연안의 구아노〔새똥으로 만든 비료〕와 구리 수출이 수익이 나게 되었다. 1877년 최초의 냉장선인 프리고리피크호가 부에노스아이레스에서 루앙으로 냉동 양고기를 수송하면서 육류 수출이 시작되었다. 수출은 활황을 맞았고 이 지역은 유럽으로부터 정착민과 자본을 끌어들였다. 1900년이 되자 라틴아메리카 남부 원뿔 지역은 세계에서 가장 부유한 지역 중 하나가 되었고, 아르헨티나는 멕시코와 마찬가지로 제조업을 발전시켰다.

많은 라틴아메리카 국가는 산업 국가가 되기에는 너무 작아 계속 1차 산품을 수출하고 제조업 제품을 수입했다. 그리고 계속 가난했다. 한편 규모가 더 큰 경제들은 19세기 말에 표준 발전 모델을 시도했고 이를 1980년대까지 유지했다. 당시 이 전략은 '수입 대체 산업화(ISI. import substitution industrialization)'라고 불렀다. 첫째, 1913년까지 아르헨티나, 브라질, 멕시코, 칠레는 9만 킬로미터의 철도를 건설했다. 둘째, 이들은 섬유 산업이나 철강 산업 등을 보호하기 위해 관세를 사용했다. 셋째, 해외로부터 투자 자금을 조달하는 러시아 모델을 추진했다. 그러나 보편적 교육을 제공하지 못한 것은 중요한 실패였다. 1884년 무상 의무교육을 도입한 아르헨티나가 중요한 예외였다. 그 결과 라틴아메리카에서 (칠레를 근소하게 앞선) 아르헨티나가 교육에서 가장 앞서 1900년 성인 인구의 절반 이상이 읽고 쓸 수 있었다. 이는 멕시코, 베네수엘라, 브라질의 4분의 1과 비교된다.

1920년대와 1930년대에 관세장벽 안에서 제조업 발전에 속도가 붙었다. 이 대륙의 농업 수출품 가격이 낮았기 때문에 산업을 발전시켜야 한다는 주장이 더욱 힘을 얻었다. 이러한 정서는 아르헨티나 경제학자 라울 프레비시(Raúl Prebisch)의 주도하에 유엔 라틴아메리카 경제위원회의 교리가 되었다. 그는 『라틴아메리카의 경제 발전과 그 주요 문제들』(1950)에서 라틴아메리카가 수출하는 1차 산품 가격이 그들이 수입하는 제조업 제품 가격과 비교하여 하락했다고 주장했고, 이 추세를 거스르려면 국가가 산업을 진흥해야 한다고 제언했다. 소위 '종속이론(dependency theory)'의 이러한 주장은 논쟁의 여지가 있었지만 정치적으로 힘을 얻었다. 이 책에 나온 사례를 생각해보자. 야자기름과 코코아 가격은 19세기 중반 이래 면직물 가격에 비해 하락해왔기 때문에 이들 제품의 역사는 종속이론과 들어맞는다. (그림17, 18) 그러나 19세기 인도에서는 원면 가격이 면직물 가격에 비해 더욱 높아졌고 따라서 탈산업화로 이어졌다. (그림12, 13)

종속이론을 배경으로 이 지역에서 표준 모델이 광범위하게 적용되었다. 교육도 결국 보편화되었다. 경제 발전에 자금을 조달하기 위해 개발은행이 만들어졌고, 외국인 투자는 산업에 자금을 조달하고 선진 기술을 받아들이는 수단이 되었다. 다양한 현대적인 산업을 진흥하기 위해 관세와 정부 통제가 사용되었다. 제조업의 산출과 도시화가 급속히 진전되었고, 1950년에서 1980년 사이에 일인당 소득은 2배 이상이 되었다. 그러나 대외부채도 늘어났고 1980년대 초반 이자율이 상승했을 때 이 지역은 부채를 갚지 못했다. 1982년 멕시코가 채무불이행(default)을 선언했다. 서구의 은행들은 대출을 회수했고, 라틴아메리카는 심각한 불황에 빠졌다. 표준 모델은 한계에 직면했다.

관세에 기초한 산업화의 실패는 또한 기술 변화 같은 근본 요인들을 반영하는 것이었다. 선진국과 후진국 사이의 임금 격차가 확대되었고, 따라서 1950년대의 고도로 자본집약적인 새로운 기술은 1850년의 기술에 비해 가난한 국가들에 더욱 적합하지 않았다. 게다가 새로운 문제가 등장했다. 20세기 중반의 신기술은 자본-노동 계수가 높았을 뿐 아니라, 공장의 규모도 대개 개도국 시장에는 너무 큰 규모였다.

자동차가 중요한 사례이다. 대부분의 라틴아메리카 국가들은 자동차 자체 생산을 추진했지만 효율적인 생산을 하기에는 시장 규모가 너무 작았다. 1960년대 자동차 조립 공장의 최소효율규모(MES, minimum efficient size)는 연간 20만 대였다. 엔진과 변속기의 최소효율규모는 연간 약 100만 대였고 판금 프레스기는 존속 기간에 400만 개를 찍어낼 수 있었다. 7개 회사들(GM, 포드, 크라이슬러, 르노, 폭스바겐, 피아트, 도요타)만이 연간 적어도 100만 대를 생산해 엔진, 변속기, 조립 공장의 최소효율규모를 달성했다. (금속으로 차체를 찍어내는 작업의 최소효율규모는 차체 설계를 몇 년 만에 바꾸는 방식으로 달성했다.) 더 작은 기업들은 높은 비용 부담을 졌다.

라틴아메리카의 자동차 시장은 규모가 더 작았다. 1950년대 아르헨티나에서는 매년 약 5만 대의 신차가 판매되었다. 1959년 자동차법에 따르면 아르헨티나에서 시판되는 자동차 부품의 90퍼센트가 자국에서 생산되어야만 했다. 자동차 생산은 1965년까지 매년 24퍼센트 증가하여 1965년 19만 5000대가 생산되었고 자동차 부문이 경제의 10퍼센트를 차지했다. 산출의 증가로 보면 수입 대체 산업화는 크게 성공한 듯 보였지만 대규모 생산의 경제를 실현하기에는 자동차 산업의 규모가 너무 작았다. 국내 시장이 작기도 했지만 그나마도 13개

기업이 나눠 가졌기에, 가장 큰 기업도 겨우 5만 7000대를 생산했을 뿐이다. 그 결과로 아르헨티나의 자동차 생산비용은 미국보다 2.5배나 더 높았다. 아르헨티나는 이러한 산업구조로는 결코 국제적으로 경쟁할 수 없었고 경제의 전반적인 효율성은 이 부문에 의해 정체되었다. 철강, 석유화학을 비롯한 다른 산업들도 마찬가지였다. 결국 수입 대체 산업화는 노동자 일인당 GDP와 생활수준을 정체시키는 역할을 했다.

이는 19세기와는 크게 달랐다. 당시에는 규모가 큰 문제가 아니었다. 1850년경 전형적인 면방적 공장에는 스핀들이 2000개 있었고 매년 면사 50톤을 방적했다. 미국은 연간 약 10만 톤의 면사를 소비했고, 따라서 최소효율규모를 지닌 면방적 공장 2000개를 수용할 수 있었다. 다른 근대적 산업들의 경우도 마찬가지였다. 용광로 한 기는 매년 철 5000톤을 생산했으며 미국의 총소비는 약 80만 톤, 즉 최소효율규모의 160배였다. 레일 공장은 매년 만 5000톤의 레일을 생산했고 미국은 레일 40만 톤을 깔았다. (이는 최소효율규모보다 겨우 27배 많은 것이었다!) 19세기 미국과 유럽의 높은 관세는 그들의 소비자들이 지불하는 가격을 끌어올렸지만 그들의 경제에 비효율적인 산업구조라는 부담을 주지는 않았다. 이 차이가 북아메리카에서는 표준 모델이 성공했지만 라틴아메리카에서는 실패한 근본 이유였다.

표준 모델의 종말

차르의 러시아, 일본, 라틴아메리카에서 표준 모델은 얼마간 경제 성장을 이루었지만 서구와 격차를 줄이기에는 모자랐다. 선진국의 일인당 GDP가 연간 약 2퍼센트씩 성장했기 때문에 후진국들은 그 격차를 유지하려면 최소한 그만큼 성장해야 했고, 단기간에 그들을 따라잡으려면 훨씬 더 빨리 성장해야 했다. 차르의 러시아, 일본, 라틴아메리카는 표준 모델에 기초해서는 이를 달성할 수 없었다. 그 결과로 노동 수요의 증가가 인구 증가에 비해 더디게 나타났다. 이로 인해 차르의 러시아와 라틴아메리카는 높은 불평등과 정치 불안으로 고통받았다. 2차세계대전 이전 일본에서도 많은 집단—농민, 소규모 산업 노동자, 여성 일반—이 성장의 과실을 공유하지 못했다. 선진국에서 효율적인 생산의 규모가 더욱 커지고 자본-노동 비율이 더욱 높아졌기 때문에 시간이 지남에 따라 이러한 문제는 더욱 심각해졌다. 1980년대 초의 금융위기가 없었더라도 표준 모델은 한계에 직면했다. 그렇다면 무엇이 이 모델을 대체할 것인가?

제 9 장

빅푸시 산업화

20세기에 서구 선진국들이 세계의 다른 지역들과 격차를 더욱 벌렸지만, 몇몇 국가들은 이러한 경향과는 반대로 이들을 따라잡는 데 성공했다. 일본, 대만, 한국, (덜 완전하지만) 소련이었다. 중국도 곧 비슷한 경로를 따를 것이다. 이 국가들은 매우 빠르게 성장했고 서구와의 격차도 반세기 만에 크게 좁혀졌다. 이들은 일인당 소득수준이 서구 선진국의 20~25퍼센트에 불과한 수준이던 시기에 경제 도약을 시작했다. 선진국들이 연 2퍼센트씩 성장한다고 했을 때, 후진국의 일인당 GDP가 연 4.3퍼센트씩 성장하면 두 세대(60년) 만에 이들을 따라잡을 수 있다. 인구 증가율에 따라 다르지만 그러려면 총 GDP는 매년 6퍼센트 이상 성장해야 한다. 이는 매우 높은 성장률이다. 규모가 큰 국가들이 이렇게 빠르게 성장할 수 있는 유일한 방법은 선진국 경제의 모든 요소—제철소, 발전소, 자동차 공장, 도시 등—를 한꺼번에 건설하는 것이다. 이것이 **빅푸시**(Big Push) 산업화이다. 이는 매우 어려운 문제를 부른다. 수요와 공급이 있기 전에 모든 것을 건설해야 하기 때문이다. 자동차 공장이 철판을 사용하기 전에 제철소가 건설되어야 한다. 또 작업할 철강이 사용 가능하기 전에, 그리고 제품에 대한 유효수요가 있기 전에 자동차 공장이 건설되어야 한다. 모든 투자는 보완적인 투자들이 이루어진다는 믿음에 기초하여 이루어져야 하는 것이다. 이러한 원대한 계획이 성공하려면 계획기구가 경제 활동들을 조정하고 그 활동들이 반드시 실행된다고 보장해야 한다. 계획기구의 역할은 서로 많이 달랐지만 20세기에 빈곤에서 탈출한 대규모 경제들은 이러한 과업에 성공했다.

소련의 경제 발전

소련은 빅푸시의 고전적인 사례이다. 소련에서는 1917년 혁명 이후 4년간 내전을 치렀고 결국 볼셰비키가 권력을 잡았다. 이들은 토지 소유를 원하는 농민들의 요구에 따라 토지를 농민에게 균등하게 분배했다. 1928년이 되자 신경제정책으로 경제가 회복되었고, 레닌이 사망하자 스탈린이 권력을 잡았다.

소련은 다른 가난한 국가들과 동일한 문제에 직면했다. 인구 대부분이 농촌에서 수공업 생산과 소규모 농업에 종사했다. 소련은 현대적인 도시 경제를 건설해야만 했다. 그러려면 현대적인 기술에 대한 대대적인 투자가 필요했다. 소련의 해결책은 중앙계획이었고 5개년 계획이 그 상징이 되었다. 소련 기업들은 국유였기 때문에 시장의 인센티브가 아니라 상부(계획)의 지시를 따랐다. 오랫동안 소련 모델은 엄청난 성공으로 여겨졌고 많은 후진국이 계획에 기초한 발전을 추진하도록 고무했다.

소련의 빅푸시는 1928년 1차 5개년 계획과 함께 시작되었다. 그 성장 전략은 4개의 기둥 위에 올려졌다. 첫째는 중공업과 기계류 생산에 투자를 집중하는 것이었다. 이는 자본설비를 생산하는 능력을 확대하여 투자율을 더욱 높였다. 소련 경제는 대규모 공장의 생산을 흡수하기에 충분히 규모가 커서 대규모 공장이 일반화되었다. 둘째는 기업 활동을 지시하기 위해 엄격한 생산 목표를 적용하는 것이었다. 산출의 극대화가 기업에 손실을 낳을 수 있기 때문에 기업들이 비용을 보전할 수 있도록 은행의 신용이 기업에 관대하게 제공되었다. '연성예산제약(soft budget constraint)'이 자본주의의 '경성예산제

약(hard budget constraints)'을 대체했다. 셋째, 농업이 집산화되었다. 이는 정치적으로 가장 논쟁이 된 정책이었다. 소규모 가족농장을 선호하고 평등을 보장하기 위해 마을의 정기적인 토지 재분배를 바랐던 농민들이 이에 극렬하게 반대했기 때문이다. 결국 농업의 집산화는 농업 생산을 크게 감소시키고 1933년의 기근을 낳았다. 넷째는 대중 교육이었다. 보편적인 의무교육이 빠르게 도입되었다. 전체적인 노동력 훈련 기간을 줄이기 위해 성인에 대한 교육이 적극적으로 추진되었다.

이러한 수단들 덕분에 소련 경제는 급속하게 성장했다. 독일이 소련을 침공한 1940년경까지 수천 개의 공장, 댐, 발전소가 건설되었다. 소련의 경제계획은 중공업에 투자를 집중해 중공업이 크게 발전했다. 2차세계대전 이전 최대치가 연 400만 톤이었던 선철 생산은 1940년 1500만 톤으로 급증했다. 이는 영국의 생산량의 2배였고, 미국의 절반 수준이었다. 발전량도 50억 킬로와트에서 420억 킬로와트로 늘어났다. (레닌은 한때 '공산주의란 소비에트 권력과 전국의 전기화(electification)'라고 말하기도 했다. 이 정의에 따르면 혁명은 성공적이었다.) 투자율은 1928년 GDP의 8퍼센트에서 1939년 19퍼센트로 높아졌다.

소비재 생산도 증가했지만 자본재에 비해서는 덜 증가했다. 한편으로 이는 우선순위를 반영한 것이었고, 다른 한편으로는 농업 집산화의 대실패 때문이었다. 그러나 1930년대 말에는 소비재 생산이 회복되었다. 1939년 소련은 90만 톤의 조면(ginned cotton)을 생산했다. 이는 1913년의 2배였고 (일본과의 경쟁으로 크게 감소한) 영국의 생산량보다 많고 미국의 생산량의 52퍼센트 수준이었다. 1932년과 1933년에 일인당 소비가 크게 감소했지만 1928년과 1939년 사이에 평균적인 생활수준은 20퍼센트 높아졌다. 교육과 의료 서비스 또한 크게 확대되었다.

2차세계대전은 소련에 엄청난 피해를 입혔다. 소련 시민의 15퍼센트가 목숨을 잃었고(20~49세 남성의 사망률은 40퍼센트에 달했다) 주택과 공장이 파괴되었다. 그러나 1950년이 되자 자본스톡이 회복되었고 급속한 경제 성장이 다시 시작되었다. 투자는 GDP의 약 38퍼센트로 유지되었다. 소련은 1억 톤 이상의 선철을 생산하여 미국을 앞질렀다. 소비재 생산도 급속하게 증가했다. 정말로 소련 모델이 가난한 국가들이 발전할 최선의 방법인 것처럼 보였다.

그러고 나서는 모든 것이 잘못되었다. 1970년대와 1980년대에 성장률이 서서히 하락했다. 80년대 말에는 제로에 가까워졌다. 고르바초프 주석은 '구조조정(페레스트로이카)'을 촉구했다. 중앙계획이 시장에 길을 내주었지만 소련을 구하기에는 너무 늦었고 소련은 해체되고 말았다.

소련 경제에 관해서 두 가지 질문이 제기된다. 첫째, 무엇이 성공적이었을까? 1928년에서 1970년까지 일인당 GDP가 그렇게 급속하게 증가한 이유는 무엇이었을까? 이에 대한 대답은 부분적으로 'GDP'와 '일인당'과 관련이 있다. 소련의 제도가 대규모 현대적 공장을 건설하는 데 매우 효과적이었기 때문에 GDP는 급속히 증가했다. 투자가 중공업에 집중되어 건물과 설비를 건설하는 능력이 커졌다. 연성예산제약은 잉여노동이 존재하는 경제에서 실업자가 되었을 사람들에게 일자리를 만들어주었다. 농업의 집산화도 사람들이 새로운 일자리가 있는 도시로 이동하도록 만들어 이에 기여했다. 처음에는 중앙계획의 목표가 서구의 기술을 러시아의 지리에 도입하는 것이었기 때문에 중앙계획에 큰 비전이 필요하지는 않았다.

일인당 GDP가 급속히 증가한 두번째 이유는 인구 증가가 느렸기 때문이었다. 소련 인구는 1920년 1억 5500만 명에서 1990년 2억 9000만 명으로 증가했다. 완만한 인구 증가는 부분적으로는 집산화, 그리고 특히 2차세계대전으로 인한 사망률 상승의 영향이었다. 1920년대 평균적인 소련 여성은 자녀를 일곱 명 낳았다. 1960년대가 되자 이 숫자는 2.5명으로 줄어들었다. 출산율 하락은 도시화의 진전과도 관련이 있었지만, (가난한 국가에서 일반적이듯) 소련에서 가장 중요한 원인은 여성의 교육과 가정 밖에서 여성 고용이었다.

둘째, 무엇이 잘못되었을까? 경제 성장은 왜 1970년대와 1980년대에 느려졌을까? 이 질문에는 일시적인 요인에서 근본적인 요인까지 다양한 대답이 가능하다. 잉여노동 경제의 종말, 시베리아 개발에 대한 투자 낭비, 민간 산업들로부터 연구개발 자원을 빨아들인 미국과의 군비경쟁, 기술 추격이 완료되어 미래를 설계하는 단계에 나타나는 계획의 어려움, 중앙 통제의 불가능성(만약 대통령이 미국 경제를 관리해야 한다면 무슨 일이 일어날 것인가?), 독재가 낳은 냉소주의와 복종 등이다. 소련의 붕괴는 많은 이로 하여금 국가계획엔 반대하고 자유시장의 장점을 찬양하도록 만들었다. 그러나 다른 국가들은 대안적인 형태의 계획으로 더욱 나은 성과를 보여주었다.

일본

2차세계대전 이전까지 일본의 정책 목표는 '부국강병'으로 요약된다. 패전으로 일본은 '강병'을 포기했지만, 더욱 강력하게 '부국'을 추구했다. 일본은 서구와의 소득 격차를 줄이기 위해 빅푸시가 필요했다. 일본의 프로젝트는 놀라울 만큼 성공적이었다. 1950년에서 1990년 사이 일인당 소득은 연 5.9퍼센트씩 증가했고, 1953년에서 1973년 사이의 시기는 성장률이 무려 8퍼센트에 달했다. 1990년경 일본은 서유럽의 생활수준을 달성했다.

일본은 이러한 진보를 메이지 시대와 제국주의 시대에 추진했던 기술 정책을 뒤집음으로써 이룩했다. 현대 기술을 요소가격에 따라 조정하는 대신 일본은 가장 현대적인 자본집약적 기술을 대규모로 도입했다. 1970년대에 투자율은 국민소득의 약 3분의 1에 이르렀다. 자본스톡은 급속히 성장하여 한 세대 내에 고임금 경제가 만들어졌다. 요소가격이 새로운 기술 환경에 따라 조정되었다.

전후 일본의 산업화는 계획을 필요로 했는데 핵심 부서는 국제무역산업성(MITI. Ministry of International Trade and Industry)이었다. 성장률을 높이기 위해 일본은 1920년대와 1930년대에 완성한 정책 수단들을 사용했다.

MITI는 두 가지 문제를 우려했다. 하나는 생산 규모와 관련이 있었다. 이는 라틴아메리카의 수입 대체 산업화를 실패에 빠뜨린 문제였다. 철강은 일본이 크게 성공한 산업이었다. 철강 생산은 1932년 240만 톤에서 1943년 770만 톤으로 증가해 정점을 찍었고 이후 1945년 50만 톤으로 하락했다가 1950년 480만 톤으로 반등했다. 철강 생산의 중요한 특징은 대규모 자본집약적 제철소에서 생산할 때 비용이 최소화된다는 점이다. 1950년 철강업의 최소효율규모는 100~250만 톤이었다. 미국의 제철소는 대부분 그보다 규모가 컸지만 일본에서는 한 군데 제철소(180만 톤을 생산한 야와타 제철소)만이 그러한 규모를 달성했다. 일본의 나머지 제철소들은 50만 톤 이하를 생산했다. 따라서 당시 일본은 임금이 낮았음에도 불구하고 일본산 철강은 미국산이나 유럽산보다 적어도 50퍼센트 이상 비쌌다. 1950년대 MITI의 목표는 일본의 철강 산업을 구조조정하여 모든 철강이 효율적 규모의 제철소에서 생산되도록 하는 것이었다. MITI의 힘은 은행 시스템을 통제하는 권한과 외환을 분배하는 결정권에서 나왔고, 외환은 코크스용 탄과 철광석을 수입하는 데 필요했다. 1960년이 되자 철강 생산량은 현대화된 대규모 제철소에서 2000만 톤으로 증가했다. 1960년 이후로 MITI의 지도는 덜 직접적이 되었다. 철강 생산은 '새로운' 장소에 새로운 제철소들을 건설함으로써 통해 계속 증가했다. 이 제철소들은 모두 당시 약 700만 톤으로 커진 최소효율규모를 넘었다. 이와 반대로, 미국의 설비 대부분은 효율적 규모보다 작은 낡은 제철소였다. 일본의 제철소는 또한 기술 면에서 더욱 선진적이었다. 1970년대 중반 일본 철강의 83퍼센트가 순산소상취전로(basic oxygen furnace)에서 제련된 반면 미국은 62퍼센트였고, 일본에서는 35퍼센트가 연속주조법을 사용했지만 미국은 그 비율이 11퍼센트였다. 임금이 대폭 상승했어도 일본은 현대적인 자본집약적 기술을 사용했기 때문에 세계에서 가장 낮은 비용으로 철강을 생산했다. 1975년 일본은 철강을 1억 톤 이상 생산했다.

누가 그 모든 철강을 구입할 것인가? 조선, 자동차, 기계, 건설 산업 등이 국내의 주요한 구입자였다. 따라서 이 산업들이 철강업에 발맞추어 성장해야만 했다. 이를 보장하는 것이 경제계획의 두번째 문제였다. 이 산업들의 생산 기술도 결정되어야만 했고, 철강 산업과 마찬가지로 대규모 자본집약적인 기술이 도입되었다. 예를 들어 자동차 산업의 경우, 일본 기업들은 미국의 경쟁자들에 비해 노동자 일인당 자본량이 더욱 많았다. 또 '적기' 배송으로 미완성품 비중이 훨씬 작았기 때문에 일본 자본은 더욱 효율적이었다. 그리고 일본의 생산 규모가 더욱 컸다. 1950년대 자동차 조립 공장의 최소효율규모는 연간 약 20만 대였다. 포드, 크라이슬러, 제너럴모터스는 한 공장에서 1년에 15~20만 대를 생산했다. 1960년대에 이르자 일본의 새로운 자동차 공장은 현장 차체생산(on site stamping)과 복수 조립 라인을 함께 도입하여 최소효율규모를 연간 40만 대 이상으로 밀어붙였다. 일본의 모든 자동차 제조업체들은 이 수준으로 생산했고 혼다와 도요타 같은 가장 효율적인 업체에서는 한 공장에서 1년에 80만 대까지 생산했다. 일본은 고도로 자본집약적인 방식을 도입하여 세계에서 가장 효율적인 산업을 만들어냈고, 그 산업은 제품에 경쟁력 있는 가격을 매기면서 동시에 고임금을 지불할 수 있었다.

세번째 경제계획 문제는 이 소비 내구재들을 구입하도록 일본 내에서 소비 수요의 증가를 보장하는 것이었다. 일본의 특별한 노사관계제도가 이에 기여했다. 대기업의 기업별 노조, 연공임금, 종신고용 제도는 성공적인 기업들이 잉여의 일부를 노동자들과 공유했음을 의미했다. 그러나 일본에서 일자리의 다수를 차지하는 소기업 노동자들의 임금은 (전간기와 마찬가지로) 1950년대에도 낮았다. 1960년대와 1970년대에 들어서면서 산업이 엄청나게 성장하여 잉여노동이 없어졌고 소기업 부문의 임금이 급속히 상승한 덕분에 이중 경제가 사라졌다. 고용 확대에 따른 소득의 증가로 생활방식이 혁명적으로 변화했고, 일본인들은 철강 공급 급증의 결과물인 자동차와 냉장고를 구입했다. 일본인들은 더 많은 제품을 구입했을 뿐 아니라, 더욱 건강해지고 키도 커졌다. 1891년 징집된 군인의 평균 신장은 157센티미터였는데 1976년에는 168센티미터가 되었다. 일본의 소비지출은 설비를 확대하고 임금을 올리는 결정이 정당함을 보여주었고, 따라서—사전적으로는 아니지만 사후적으로는—자본집약적 기술이 적절하도록 만들었다.

마지막 계획 문제는 국제 시장과 관련된 것이었다. 이 문제는 MITI의 영역을 훨씬 넘어서는 문제였다. 1970년대 중반 일본의 철강업은 산출의 3분의 1가량을 미국에 수출했다. 자동차와 소비내구재도 비슷한 정도로 미국에 수출되었다. 일본과의 경쟁에서 미국의 철강과 자동차 생산은 거의 붕괴했다. 사실 미국 러스트벨트[디트로이트 등 미국의 자동차 생산 지역]의 몰락은 일본의 경제 기적 때문이었다. 미국은 1816년 이후 사용했던 높은 관세 정책을 유지해 이러한 수입을 쉽게 막을 수도 있었을 것이다. 소위 '자발적 수출 제한(voluntary export restraints)'을 두고 협상했지만 미봉책에 불과했다. 대신 미국은 다른 국가들이 관세를 인하할 때만 관세를 인하하기로 결정했다. (이는 다자 간 무역자유화였다.) 그 이유 중 하나는 2차세계대전 이후 미국이 세계에서 가장 경쟁력이 강한 국가가 되었으며, 불필요하게 국내 시장을 보호하는 것보다 수출 기회를 확대하는 것이 이득이 더 크다고 보았기 때문이다. 일본의 수출 성공은 이러한 가정을 의문스럽게 만들었다. 그러나 일본은 동아시아에서 공산주의에 대항하는 미국의 보루가 되었고 그러한 지정학적 중요성 덕에 일본의 대미 수출은 계속되었다.

고성장 시대가 영원히 지속되지는 않았다. 흔히 일본의 호황 종말은 디플레이션 시대를 몰고 온 1991년 부동산과 주식 시장 붕괴에서 시작되었다고 말한다. 그러나 원인은 보다 근본적인 것이었다. 이전 시기의 고성장을 가능하게 해주었던 조건들이 사라졌기 때문이다. 일본은 서구와의 세 가지 격차—노동자 일인당 자본, 노동자 일인당 교육, 생산성—를 좁히면서 급속히 성장했다. 1990년경에는 그 격차들이 사라졌고, 일본은 다른 선진국들과 비슷해졌다. 이제 일본은 세계의 기술 선진국들과 같은 속도로만—연간 1, 2퍼센트—성장할 수 있게 되었다. 1990년 이후 일본의 성장 정체는 필연적이었다.

중국

한국과 대만은 서구를 추격하는 과정에서 일본의 예를 그대로 따랐다. 양국 모두 일본의 식민지였고 그 유산으로 출발선이 복잡했다. 현대적인 교육 시스템이 만들어졌지만 한국어나 대만어가 아니라 일본어를 가르치는 것이 강조되었다. 인프라스트럭처와 농업의 발전은 일본을 위해 식량을 제공하는 식민지를 만들려는 목적이었다. 일인당 소득은 1940년 1548달러에 달했다. 2차세계대전 이후 일본인들이 쫓겨났고 그들의 재산은 몰수되었으며 그들이 보유하던 토지는 농민들에게 재분배되어 평등주의적인 농민 사회가 만들어졌다. 1950년대부터 두 국가 모두 적극적으로 산업화를 추진했다. 특히 한국은 일본의 빅푸시 모델을 그대로 따랐다. 외국 기업이 배제되었기 때문에 한국 기업들은 선진 기술을 수입하여 숙달했다. 국가가 투자를 계획하였고 국내 제조업을 육성하고 보호하기 위해 수입을 제한했다. 일본에서와 마찬가지로 이 기업들에게 생산 대부분을 수출하도록 요구하여 품질과 생산성을 높일 수 있었다. 한국은 일본이 성공했던 철강, 조선, 자동차 같은 중공업을 건설했고, 10년 혹은 20년 후 한국도 이 산업 분야에서 성공을 거두었다.

한국과 대만의 발전은 인상적이다. 그러나 만약 중국의 산업화가 최근 수십 년 동안 그래온 것처럼 앞으로도 계속된다면 중국의 발전은 중요성이 더욱 클 것이다. 공산당이 권력을 잡은 1949년 중국의 일인당 GDP(448달러)는 매우 낮았다. 2006년이 되자 일인당 소득은 6048달러에 이르렀고, 이제 중국은 중진국이 되었다. 이는 대부분의 아시아 또는 아프리카, 아메리카에 비해 훨씬 더 나은 성과였다. (표1)

중국은 어떻게 성공했을까? 보통의 대답은 '자유시장 개혁'이지만 이것만으로는 불완전한 설명이다. 1949년 이후 중국의 경제사는 두 시기—계획 시기(1950~78년)와 개혁 시기(1978년~현재)—로 나뉜다. 계획 시기에 중국은 소련 노선을 따라 집단농장, 국유기업, 중앙계획으로 이루어진 공산주의 체제를 도입했다. 당시의 발전 전략은 기계와 도시, 산업 사회 구조를 만들어내는 중공업 발전을 선호했다. 투자율은 GDP의 약 3분의 1에 달했고 산업 생산은 급속히 증가했다. 소위

'두 다리로 걷는' 기술 정책은 가능한 분야에서 자본집약적이고 선진적인 기술과 노동집약적인 제조업을 결합했다. 언제나 빅푸시 산업화의 목표 중 하나인 철강 생산은 1950년 연간 100만 톤에서 1978년 3200만 톤으로 늘어났다. 대약진운동(1958~60년), 그 이후의 기아와 문화대혁명(1967~69년)처럼 정책이 선회했음에도 불구하고 일인당 소득은 1950년 448달러에서 1978년 978달러로 2배 이상(연 2.8퍼센트 성장률) 증가했다. 이는 하찮은 업적은 아니었지만 다른 많은 가난한 국가와 크게 다르지는 않았다.

1976년 마오쩌둥 사망 이후 1978년 덩샤오핑은 '개혁'을 시작했다. 계획이 해체되고 시장경제가 건설되었다. 동유럽의 '충격요법'과는 달리 중국은 제도를 점진적으로 변화시키고 대체하는 방식으로 개혁을 도입했다. 1978년 이후 경제 성장률도 급등했다.

최초의 개혁은 농업에 도입되었다. 이는 개혁의 복잡성을 잘 보여준다. 두 가지 개혁 조치가 특히 중요했다. 첫째, 1979년과 1981년 국가 조달기관이 계획에 명시된 농민들의 의무적인 할당량을 초과하는 농산물 매입 가격을 총 40~50퍼센트 인상했다. 둘째, 집단경작 대신 가구책임제도가 도입되었다. 이 제도에 따라 집단농장의 토지는 소규모 농지로 쪼개져 가정에 임대되었다. 각 가구는 공동체의 계획 할당량에 따라 자신의 몫을 넘겨야 했지만, 할당량을 넘어서는 생산물은 높은 가격에 판매하여 소득을 얻는 것이 허용되었다.

이 정책들이 시행되자 농업 산출량이 급등했다. 이는 이 정책의 중요성을 잘 보여준다. 1970년과 1978년 사이 농업 GDP는 연 4.9퍼센트씩 증가했다. 1985년에서 2000년 사이 달성한 3.9퍼센트보다도 높았다. 그러나 1978년과 1984년 사이에는 산출이 무려 연 8.8퍼센트 증가했다. 같은 기간에 곡물 생산도 그 전이나 후에 비해 더욱 빠르게 증가했다. 정부의 구매가 인상과 가구책임제도로 농민들이 산출을 늘릴 만한 경제적 인센티브를 자극했기 때문에, 많은 이는 보통 이러한 정책 변화에 따라 산출이 증가했다고 결론짓는다.

그러나 이러한 성공은 개혁 시기뿐 아니라 그 이전 계획 시기의 결과물인 다른 발전과도 관련이 있다. 중국 농민들이 산출을 늘릴 수 있었던 원인은 농촌의 제도 개혁과 같은 시기에, 함께 도입된 선진기술을 도입해 사용할 수 있었기 때문이다. 곡물의 산출을 늘리려면 중국의 상황에서 세 가지 개선—물 관리, 산출이 높은 종자, 비료—이 필수적이었다. 1950년대에서 1970년대 사이에 중국에서는 관개된 농지가 크게 증가했고, 중국 북부에서는 농지에 물을 대는 관정 수백만 개가 뚫렸다. 물 공급의 증가는 계획 시기 동안 곡물 생산의 증가에 기여했고 1980년경 급속한 산출 증가의 필요조건이었다.

극적인 곡물 산출 증가는 비료로 수확량을 늘릴 수 있는 종자를 필요로 했다. 그러나 이는 열대지방에서 흔히 나타나는 생물학적 문제를 불러온다. 만약 전통 품종인 벼에 농약을 뿌리면 벼는 더욱 무성하게 잎이 많아지고 줄기가 길어진다. 그러면 벼가 결국 쓰러져 낟알을 맺지 못한다. 해결책은 쓰러지지 않는 섬유질 줄기를 지닌 키 작은 벼를 도입하여, 비료의 효과가 벼를 무성하게 만드는 것이 아니라 낟알을 맺도록 만드는 것이다. 일본산 쌀에 자연적으로 이러한 특징이 있었고, 메이지 시대 농업 산출이 증가한 생물학적인 기반이 되었다. 그러나 일본산 쌀은 낮의 길이 차이 때문에 아주 남쪽 지역에서는 경작될 수 없었고, 따라서 열대지방에 적합한 키 작은 품종의 벼를 개량할 필요가 있었다. 가장 유명한 것은 IR-8이다. 이는 1966년 필리핀의 국제벼연구소에서 개발해 발표한 품종이다. IR-8과 후속 종자들이 대부분의 아시아 지역에서 농업혁명의 기초가 되었다. 잘 알려지지 않은 사실은 중국이 이 종자를 먼저 개발했다는 것이다. 중국과학아카데미의 품종 개량 프로그램은 IR-8이 개발되기 2년 전에 키 작은 고수확 벼를 개발했다. 바로 이 새로운 키 작은 벼의 확산이 중국의 농업 생산을 폭발적으로 늘렸다.

고수확 벼는 비료를 많이 사용해야만 높은 수확을 올릴 수 있었다. 이미 1970년대 중국 농민들은 전통 비료를 최대한 사용했다. 더 많은 비료를 사용하려면 질산염의 공장 생산이 필요했다. 1960년대에는 비료 생산을 늘리려는 노력이 그다지 성공적이지는 못했다. 1973~4년 중국 정부는 해외 공급자들로부터 13개의 암모니아 공장을 인수했다. 1970년대 말 이 공장들이 생산을 시작했고 비료를 공급하여 수확량이 크게 늘었다. 1978년에서 1984년 사이 농업 산출의 증대를 위해 개혁이 꼭 필요했는지, 개혁 없이도 어쨌든 가능했을지를 알기는 매우 어려운 일이다.

중국 농업에서 기술 변화의 특징은 일본과 비슷했으며 한 국가의 생산요소 구성에 적합한 기술의 발전을 반영한다. 일본에서와 마찬가지로 중국에는 노동이 풍부했고 토지가 희소했다. 그렇기 때문에 최근까지 기술의 진보는 토지의 생산성을 높이는 데 집중된 반면, 노동을 절약하는 데는 상대적으로 적은 투자가 이루어졌다. 이런 면에서 중국 농업혁명의 역사는 인도와 다르다. 인도에서는 고수확 작물의 도입과 함께 기계화가 이루어졌다. 인도에서는 값싼 신용에 접근하기 쉬웠기 때문에 대토지를 소유한 농민들이 유리한 지위에 있었고, 이들은 때때로 토지를 잃은 소규모 농민들을 희생시키며 자신의 토지 소유 규모를 늘렸다. 농장이 기계화되면서 더욱 적은 사람들만이 농사를 지을 수 있었다. 중국은 이러한 갈등을 피했다. 중국에서는 토지를 공동으로 소유해 토지 규모가 균등했고 소규모 농장들이 유지되었다. 이는 평등할 뿐 아니라 풍부한 노동과 희소한 자본에 대한 합리적인 반응이었다.

중국의 개혁은 산업 부문도 변화시켰다. 첫번째 단계 역시 농촌에서 이루어졌다. 제조업에 기초한 부차적 고용은 언제나 중국 농촌의 특징이었고 이는 집단농장에서 이루어졌다. 1978년 이후 지역의 당 간부들은 '향진기업(TVEs. township and village enterprises)'을 진흥했다. 소비재 생산은 정체했는데 향진기업이 제품을 자유로운 시장에 판매하며 그 격차를 메웠다. 소비재 산업은 (계획의 중심이었던 중공업과 달리) 자본-노동 비율이 낮아 향진기업은 중국에 적절한 기술을 사용했다. 이들이 시장 경쟁에서 성공한 이유였다. 1978년에서 1996년 사이 향진기업의 고용은 2800만 명에서 1억 3500만 명으로 증가했고 향진기업이 GDP에서 차지하는 비중은 6퍼센트에서 26퍼센트로 늘어났다. 국가가 계획의 목표량을 동결하고, 기업들이 계획의 요구량 이상은 자유롭게 시장에서 판매할 수 있도록 허용한 1980년대 중반 이후 시장화가 국가의 전 영역으로 확대되었다. 이후 '경제는 계획이 필요 없게 되었으며' 더욱 발전하면서 점점 더 시장이 주도권을 잡게 되었다.

1992년 14차 중국공산당 당 대회는 개혁의 목표로 '사회주의적 시장경제'를 승인하고, 중앙계획의 핵심이었던 실물 균형계획을 폐지했다. 이후의 개혁들은 국가의 투자 배분을 대체하는 금융 시스템을 만들었고 국유기업을 정부 부서에서 공기업으로 변화시켰다. 국유산업의 개혁으로 고용은 크게 줄어들었고 생산성이 낮은 설비는 문을 닫았다. 이는 소련이 결코 성취하지 못한 결과였다. 소련은 이런 문제들로 노동력의 상당 부분이 생산성 높은 새로운 설비로 재배치되지 못하고 비생산적 일자리에 묶여 성장이 정체되었는지도 모른다. 시장이 투자 결정을 주도하게 되자 투자율은 높게 유지되었다. 국가는 덜 공식적으로 개입했지만 여전히 에너지와 중공업에 투자를 유도하는 데 적극적이었다. 아마도 이런 이유로 철강 산업이 폭발적으로 성장했다. 이제 중국의 철강 산업은 연간 5억 톤을 생산한다. 미국, 소련, 일본은 결코 연간 1억 5천만 톤 이상을 생산하지 못했고, 중국이 이 모든 세계기록을 깨뜨렸다. 물론 중국의 인구가 훨씬 많지만 일인당 생산도 (1950년 일인당 2킬로그램, 2001년 102킬로그램에서) 이제 377킬로그램이 되어 선진국의 소비 수준에 도달했다. 1978년과 2006년 사이 중국의 일인당 소득은 연 6.7퍼센트씩 성장했다.

이러한 개혁들이 흔히 중국의 고도성장의 요인으로 제시된다. 그러나 농업에서와 마찬가지로 이러한 설명은 충분하지 않다. 중국의 '제도 개혁'은 중국의 경제 성과를 마오 시대에 비해서는 개선했는지도 모르지만, 다른 가난한 국가 대부분에서 볼 수 있는 제도보다 더욱 우월한 제도를 만들어내지는 않았다. 사실 중국의 성장률이 낮았다면 저성장이 현재 중국의 재산권, 법제도, 공산당 독재 탓이라고 비난했을 것이다. 중국을 다른 국가와 비교하는 핵심적인 질문은 '왜 썩 좋지 않은 중국의 시장 제도가 중앙계획보다 더 성과가 좋았는가'가 아니라, '왜 썩 좋지 않은 시장 제도로 중국은 그렇게 놀라운 성과를 냈는가' 하는 것이다. 이에 대한 대답은 결국 계획 시기의 유산이나 중국 사회의 다른 특징들, 다른 가난한 국가들과 전반적으로 달랐던 중국의 정책들 때문일지도 모른다.

계획 시기의 유산은 분명 중요한 역할을 했다. 잘 교육 받은 인구, 대규모 산업 부문, 낮은 사망률과 출산율, 문화혁명에도 불구하고 강력한 연구개발 능력을 지닌 과학 조직 등이 이 유산에 포함된다. 계획 시기 내내 초등교육이 확대되어 1982년 센서스에 따르면 인구의 3분의 2가 읽고 쓸 수 있었고, 직업 교육도 광범위하게 보급되었다. 평균수명은 1930년대에 30세에서 1950년대 41세, 1970년대에는 60세로 높아졌다. (2000년에는 70세가 되었다.) 평균적인 여성이 낳는 자녀수의 평균(총출산율)은 1950년대 6 이상에서—1980년 한 자녀 정책이 도입되기 전에 이미—1970년대 말 2.7로 떨어졌다. 소련과 마찬가지로 낮은 출산율은 여성에 대한 교육이 확대되고 그들을 유급으로 고용해 돈을 버는 기회를 부여한 결과였다.

역사가들이 궁극적으로 중국의 성장에 계획의 유산, 제도

개혁, 합리적인 정책, 성장에 도움이 되는 문화 등이 각각 얼마나 중요했는지 알아낼지도 모른다. 그러나 그와 상관없이 중국은 역사적인 순환을 끝내가고 있다. 만약 중국이 1978년 이후 그랬던 것처럼 다음 30년 동안에도 급속히 성장한다면 중국은 서구와 격차를 좁힐 것이다. 중국은 크리스토퍼 콜럼버스와 바스코 다 가마의 항해 이전에 그랬듯, 세계 최대의 제조업 국가가 될 것이다. 세계사는 거대한 순환을 끝내고 원래의 상태로 돌아갈 것이다.

후기

중국은 서구를 따라잡는 과정에 있지만 아프리카, 라틴아메리카, 아시아의 나머지 지역은 어떤가. 선진국의 일인당 소득은 1년에 약 2퍼센트씩 성장하기 때문에 다른 국가들이 선진국과 격차를 줄이려면 이보다 더욱 빠르게 성장해야 하다. 아시아와 라틴아메리카의 많은 개도국은 60년 내에 선진국을 따라잡기 위해 일인당 소득이 연 4.3퍼센트씩 성장해야만 할 것이다. 이것이 가능하려면 GDP는 60년 동안 적어도 6퍼센트씩 성장해야 할 것이다. 사하라 이남 아프리카의 많은 국가 같은 개도국들은 더욱 빠르게 성장해야 할 것이며, 그러지 않는다면 선진국들을 따라잡는 데 더욱 오랜 시간이 걸릴 것이다.

매우 적은 국가들만이 오랜 기간 그렇게 빠른 성장을 유지했다. 1955년에서 2005년 사이에 겨우 10개국에 불과했다. 오만, 보츠와나, 적도기니는 이 시기 동안에 석유나 다이아몬드가 발견되었다는 점에서 특별한 경우였다. 싱가포르와 홍콩은 도시국가였기 때문에 특별한 경우였다. 이들 국가에는 투자가 증가할 때 이민자들을 도시로 대거 유출한 농업 부문이 존재하지 않았다. 따라서 노동수요 증가와 함께 임금이 상승하고 번영이 확산될 수 있었다. 일본, 한국, 대만, 태국, 중국과 같이 대규모 농업 부문을 지닌 커다란 국가들이 가장 흥미로운 경우이다. 또한 2차세계대전 기간을 제외하면 1928년에서 1970년까지 일인당 소득이 연 4.5퍼센트씩 성장했던 소련도 추가될 수 있다.

이 국가들은 서구와 교육, 자본, 생산성 등 세 가지 격차를 줄여야만 했다. 대중 교육은 교육의 격차를 줄였고, 이런저런 형태로 국가가 주도한 산업화는 자본과 생산성의 격차를 줄였다. 대규모 자본집약적인 기술이 비용 면에서 즉각 효율적이지 않은 경우에도 도입되었다. 이 국가들은 라틴아메리카가 현대적 기술을 소규모 경제에 억지로 도입하려고 했을 때 발생한 비효율성을 피했다. 효율적인 설비의 산출을 흡수할 수 있을 만큼 충분히 규모가 컸거나, 미국의 생산을 희생시켜 미국 시장에 접근할 수 있었기 때문이었다.

그러나 이 국가들이 추진했던 많은 정책 중 무엇이 가장 효과적이었는지는 엄청나게 많은 논쟁의 주제로 남아 있다. 또 그 성공적인 정책들이 다른 국가에 이식될 수 있는지도 명확하지 않다. 그러므로 경제 발전을 가져오는 최선의 정책은 여전히 논쟁의 대상이다.

감사의 말

먼저 전 세계의 임금과 가격의 역사를 재구성하는 작업을 나와 함께한 연구조교들에게 감사한다. 스튜어트 머리, 체리 멧커프, 이언 키, 알렉스 왈리, 빅토리아 베이트먼, 로먼 스튜더, 토미 머피, 에릭 슈나이더이다. 이 프로젝트와 문서에 대한 그들의 의견과 세부 사항에 대한 주의는 내게 매우 귀중한 것이었다. 또 나는 이 책 초고를 읽고 토론해준 많은 친구에게 감사한다. 폴 데이비드, 래리 엘드리지, 스탠 엥거맨, 제임스 펜스케, 팀 레브닉, 로저 굿맨, 필 호프먼, 크리스 키세인, 피터 린더트, 브랑코 밀라노비치, 패트릭 오브라이언, 질 포스텔-비나이, 짐 로빈슨, 장-로랑 로젠탈, 켄 소콜로프, 안토니아 스트레이치, 프랜시스 틸, 피터 테민, 얀 라위턴 판 잔덴, 로렌스 화이트헤드, 제프 윌리엄슨, 닉 울리. 이 프로젝트에 대한 집착과 같은 집중과 초고를 평해달라는 수많은 요청에도 불구하고 나의 아들 매튜 앨런과 아내 다이앤 프랭크는 언제나 흔쾌하게 나를 도와주었다. 이들의 도움 덕분에 이 책은 더 나은 책이 되었다.

나는 전 세계 가격과 소득의 역사 그룹(Global Price and Income History Group)을 통해 오랫동안 연구 자금을 지원한 캐나다 사회과학·인문학 연구협회(Canadian Social Sciences and Humanities Research Council)와 전미과학재단(United States National Science Foundation)에 감사의 뜻을 전한다.

세계가 어떻게 현재의 상태가 되었는가를 이해하는 것이 더 나은 세상을 만드는 데 도움이 되리라 희망하면서, 나는 이 책을 나의 아들 매튜 그리고 그의 세대들에게 바친다.

참고문헌

제1장 대분기

펠사트: Tapan Raychaudhuri and Irfan Habib, *The Cambridge Economic History of India*, Vol. I, c. 1200–c. 1750 (Cambridge University Press, 1982), p. 462.

귀리에 관한 새뮤얼 존슨의 정의: Samuel Johnson, *A Dictionary of the English Language* (1755)

하루 1달러의 빈곤선: World Bank's *World Development Report: Poverty* (Oxford University Press, 1990); and Martin Ravallion, Datt Gaurav, and Dominique van de Walle, 'Quantifying Absolute Poverty in the Developing World', *Review of Income and Wealth*, 37 (1991): 345–61.

이탈리아의 군인들: Brian A'Hearn, 'Anthropometric Evidence on Living Standards in Northern Italy, 1730–1860', *Journal of Economic History*, 63 (2003): 351–81.

런던 일링의 정원사: Sir Frederick Eden, *The State of the Poor* (J. Davis, 1797), Vol. II, pp. 433–5.

제3장 산업혁명

가난한 나라 농민들의 효율성: T. W. Schultz, *Transforming Traditional Agriculture* (Yale University Press, 1964); R. A. Berry and W. R. Cline, *Agrarian Structure and Productivity in Developing Countries* (Johns Hopkins University Press, 1979); Robert C. Allen, *Enclosure and the Yeoman* (Oxford University Press, 1992).

프랑스와 잉글랜드의 세금 부담: P. Mathias and P. K. O'Brien, 'Taxation in England and France, 1715–1810', *Journal of European Economic History*, 5(1976): 601–50.

프로방스: J.-L. Rosenthal, 'The Development of Irrigation in Provence', *Journal of Economic History*, 50(September 1990): 615–38.

의회의 독재 권력: Julian Hoppit, 'Patterns of Parliamentary Legislation, 1660–1800', *The History Journal*, 39 (1996): 126.

마녀와 성경: John Wesley, *Journal*, for 21 May 1768.

면화에 관한 홉스봄의 연구: Eric Hobsbawm, *Industry and Empire* (Weidenfeld & Nicolson, 1969), p. 56.

뉴커먼 엔진에 관한 드사귀에의 연구: John Theophilus Desaguliers, *A Course of Experimental Philosophy* (John Senex, 1734–44), Vol. II, pp. 464–5.

증기력과 생산성 상승: N. F. R. Crafts, 'Steam as a General Purpose Technology: A Growth Accounting Perspective', *Economic Journal*, 114 (495) (2004): 338–51.

제5장 제국들

1812년 영국과 인도의 면사 제조비용: Edward Baines, *History of the Cotton Nanufacture in Great Britain* (H. Fisher, R. Fisher, and P. Jackson, 1835), p. 353. *First Report from the Select Committee on the Affairs of the East India Company (China Trade)*, UK, House of Commons, 1830 (644), evidence of Mr John Kennedy and Mr H. H. Birley, questions 4979–5041.

비하르의 방직업 쇠퇴: Amiya Kumar Bagchi, 'Deindustrialization in Gangetic Bihar, 1809–1901:, in Barun De (ed.), *Essays in Honour of Professor S. C. Sakar* (New Delhi, People's Publishing House, 1976), pp. 499–523.

마틴과 브로클허스트: UK House of Commons, *Report from the Select Committee on East India Produce*, 1840 (527), question 3920.

제6장 아메리카

북아메리카 동부의 옥수수 재배: Bruce D. Smith, *The Emergence of Agriculture* (Scientific American Library, 1998), pp. 145–81, 200; and Bruce G. Trigger, *The Children of Aataentsic: A History of the Huron People to 1660* (McGill-Queen's University Press, 1987), pp. 119–26

토착 인구의 감소: Russell Thornton, *American Indian Holocaust and Survival: A Population History since 1492* (University of Oklahoma Press, 1987), pp. 25, 57, 133.

멕시코와 안데스 지역의 토착 인구: Mark A. Burkholder and Lyman L. Johnson, *Colonial Latin America*, 2nd edn. (Oxford University Press, 1994), p. 254; and James Lockhard and Stuart B. Schwartz, *Early Latin America: A History of Colonial Spanish America and Brazil* (Cambridge University Press, 1983), p. 338.

만 4697명: Thornton, *American Indian Holocaust*, pp. 29, 162–3.

1617–19년의 전염병을 신의 뜻으로 이야기하는 인용의 출처: John Eliot, *New England's First Fruits* (Henry Overton, 1643), p. 12.

베짜기에 관한 인용의 출처: Edward Johnson, *The Wonder-Working Providence of Sions Saviour, in New England*, 1628–1651, Book II, Chapter XXI at http://puritanism.online.fr/ (accessed 4 April 2011).

펜실베이니아의 GDP 대비 수출: 수출은 프라우드(Proud)의 1771-3년 연간 수출액 추정치 70만 파운드에 16만 1000파운드를 더해 계산되었다. 16만 1000 파운드는 James F. Shepherd and Gary M. Walton, *Shipping, Maritime Trade, and the Economic Development of Colonial North* America (Cambridge University Press, 1972), pp. 128, 134에서 1768-72년 중부 대서양 식민지의 연간 선적 소득과 무형의 소득의 평균값 추정치의 64퍼센트이다. 1765-7년과 1772년에 뉴욕과 필라델피아의 해운 수송량 중 필라델피아가 차지하는 비율은 64%이다. 프라우드의 추정치는 셰퍼드와 월튼보다 많다. GDP는 1770년도 인구 24만 100명에 일인당 12파운드를 곱한 수치이다.

1832년 자메이카의 GDP 대비 수출: Giesla Eisner, *Jamaica*, 1830-1930: *A Study in Economic Growth* (Manchester University Press, 1961), p.25.

사우스캐롤라이나 주의 가죽과 시더 목재 수출: quoted by John J. McCusker and Russell R. Mennard, *The Economy of British North America* (University of North Carolina Press, 1985), p. 171.

캐롤라이나의 쌀 생산성: Marc Egnal, New World Economies: *The Growth of the Thirteen Colonies and Early Canada* (Oxford University Press, 1998), pp. 105-6

소득 대비 수출의 30퍼센트 비율: per capita exports from Peter A. Coclanis, *The Shadow of a Dream: Economic Life and Death in the South Carolina Low Country, 1670-1920* (Oxford University Press, 1989), p. 75, and per capita income (High value) from Alice Hanson Jones, *Wealth of a Nation To Be: The American Colonies on the Eve of the Revolution* (Arno Press, 1980), p.63.

소비재를 구입하는 변경 지역의 농민들: McCusker and Mennard, *British North America*, pp. 175, 180-1.

멕시코밸리의 토지의 절반: Charles Gibson, *The Aztecs under Spanish Rule: A History of the Indians of the Valley of Mexico, 1519-1810* (Stanford University Press, 1964), p.277.

브리티시컬럼비아의 물개 가죽: Alexander von Humboldt, *Political Essay on the Kingdom of New Spain, tr.* John Black (London, 1822), Vol. Ⅱ, pp. 311, 320.

베라크루스-멕시코시티 간 도로: von Humboldt, *Political Essay*, Vol. Ⅳ, pp. 8–9.

광산의 고용: Peter Bakewell, 'Mining in Colonial Spanish America', in *The Cambridge History of Latin America*, Vol. Ⅱ, ed. Leslie Bethell (Cambridge University Press, 1984), pp. 127–8; and Enrique Tandeter, *Coercion and Market: Silver Mining in Colonial Potosi, 1692-1826* (University of New Mexico Press, 1993), p. 16.

1800년 멕시코에서 수출이 GDP에서 차지하는 비중이 4%라는 사실: John H. Coatsworth, 'The Decline of the Mexican Economy, 1800–1860', in *América Latina en la époac de Simón Bolivar: La formación de la economías latinoamericanos y los intereses económicos europeos, 1800-1850*, ed, Reinhart Liehr (Berlin, Colloquium Verlag, 1989), p. 51.

1790년 멕시코의 소득 분배: Branko Milanovic, Peter H. Lindert, and Jeffrey G. Williamson, 'Measuring Ancient Inequality', Cambridge, MA, National Bureau of Economic Research, Working Paper 13550, http://www.nver.org/papers/13550.pdf, 2007, p. 60.

1850년대 각국의 면직 산업의 규모: Robert C. Allen, *The British Industrial Revolution in Global Perspective* (Cambridge University Press, 2009), p. 211.

1800–60년 미국에서 수출이 GDP에서 차지하는 비중: Susan B. Carter, Scott Sigmund Gartner, Michael R. Haines, Alan L. Olmstead, Richard Sutch, and Gavin Wright, *Historical Statistics of the United States*, Millenium edition, online (Cambridge University Press), series Ca10 and Ee366.

푸에블라의 탈산업화: von Humboldt, *Political Essay*, Vol. Ⅲ, p. 469.

멕시코의 과학 문화와 교육: von Humboldt, *Political Essay*, Vol. Ⅰ, pp. 212, 216, 223.

제7장 아프리카

프랑스령 콩고: Jacqueline M. C. Thomas, *Les Ngbaka de la Lobaye: le dépeuplement rural chez une population forestière de la République Centrafricaine* (Mouton, 1963), pp. 258–71, 417–19.

상인들의 정신: Mary Kingsley, *Travels in West Africa* (National Geographic Society, 2002; originally published 1897), p. 36.

가장 큰 냄비: Harold A. Innis, *The Fur Trade in Canada: An Introduction to Canadian Economic History* (University of Toronto Press, 1999; originally published 1930), p. 18.

믹맥인의 농담: Father Chrestien Le Clercq, in his *New Relation of Gaspesia*, tr. and ed. W. F. Ganong (The Champlain Society, 1910), p. 277.

알폰소 1세의 편지: quoted by Adam Hochschild, *King Leopold's Ghost: A Story of Greed, Terror, and Heroism in Colonial Africa* (Houghton Mifflin, 1998), p. 13.

스완지의 증언: UK, House of Commons, *Report from the Select Committee on the West Coast of Africa*; together with the minutes of evidence, appendix, and index. Part Ⅰ, *Report and Evidence*, Parliamentary Papers (1842), Vols. XI, XII, questions 467 and 468.

나이지리아의 야자수 재배 면적: Kenneth F. Kiple and Kriemhild Coneè Ornelas (eds.), *The Cambridge World History of Food* (Cambridge University Press, 2000), section Ⅱ.E.3, palm oil.

카살리스 목사의 보고: R. C. Germond (ed.), *Chronicles of Basutoland: A Running Commentary on the Events of the Years 1830-1902 by the French Protestant Missionaries in Southern Africa* (Morija Sesuto Book Depot, 1967), p. 267.

야자기름 채취의 수익성: Calculated from Eric L. Hyman, 'An Economic Analysis of small-Scale Technologies for Palm Oil Extraction in Central and West Africa', *World Development*, 18 (1990): 455–76.

마셸의 '국가가 살기 위해': quoted by Mahmood Mamdani, *Citizen and Subject* (Princeton University Press, 1996), p. 135.

제8장 표준 모델과 후기산업화

도쿠가와 시대 일본 남자들의 작은 신장: Akira Hayami, Osamu Saitô, and Ronald P. Toby (eds.), *Emergence of Economic Society in Japan, 1600-1859* (Oxford University Press, 2004), pp. 235–8.

에도의 책 대여점: Hayami et al., *Emergence*, pp. 28, 241.

MES(최소효율규모): James Montgomery, *A Practical Detail of the Cotton Manufacture of the United States of America* (Glasgow, 1840); J. P. Lesley, *The Iron Manufacturer's Guide to the Furnaces, Forges and Rolling Mills of the United States* (New York, 1859); D. G. Rhys, *The Motor Industry: An Economic Survey* (Butterworths, 1972); Jack Baranson, *Automotive Industries in Developing Countries* (World Bank, 1969); Rich Kronish and Kenneth S. Mericle (eds.), *The Political Economy of the Latin American Motor Vehicle Industry* (MIT Press, 1984); John P. Tuman and John T. Morris (eds.), *Transforming the Latin American Automobile Industry: Unions, Workers, and the Politics of Restructuring* (M. E. Sharpe, 1998); United Nations Report, *A Study of the Iron and Steel Industry in Latin America* (United Nations, 1954).

제9장 빅푸시 산업화

레닌의 경구: V. I. Lenin, 'Report on the Work of the Council of People's Commissars', Eighth All-Russia Congress of Soviets, 22 December 1920, *Collected Works*, tr. and ed. Gulius Katzer, Vol. 31, p. 516.

1891년과 1976년의 신장: Takafusa Nakamura, *The Postwar Japanese Economy: Its Development and structure* (University of Tokyo Press, 1981), p. 96.

독서안내

제1장 대분기

Adam Smith, *An Inquiry into the Nature and Causes of the Wealth of Nations* (London, 1776).

Eric Hobsbawm, *The Age of Revolution*, 1789-1848 (Phoenix, 1962). (에릭 홉스봄, 『혁명의 시대』, 정도영 · 차명수 옮김, 한길사, 1998.)

Eric Hobsbawm, *The Age of Capital*, 1848-1875 (Phoenix, 1975). (에릭 홉스봄, 『자본의 시대』, 김동택 옮김, 한길사, 1998.)

Eric Hobsbawm, *The Age of Empire*, 1875-1914 (Phoenix, 1987).(에릭 홉스봄, 『제국의 시대』, 김동택 옮김, 한길사, 1998.)

Eric Hobsbawm, *The Age of Extremes: A Short History of the Twentieth Century*, 1914-1991 (Phoenix, 1994). (에릭 홉스봄, 『극단의 시대—20세기 역사 상』, 이용우 옮김, 까치, 1997.)

Angus Maddison, *The World Economy* (OECD, 2006).

Lane Pritchett, 'Divergence, Big Time', *Journal of Economic Perspectives*, 11 (1997): 3-17.

Branko Milanovic, *Worlds Apart: Measuring International and Global Inequality* (Princeton University Press, 2005).

Robert W. Fogel, *The Escape from Hunger and Premature Death,*

1700–2100 (Cambridge University Press, 2004).

제2장 서구의 발흥

Jared Diamond, *Guns, Germs, and Steel* (Jonathan Cape, 1997). (재레드 다이아몬드, 『총, 균, 쇠』, 김진준 옮김, 문학사상사, 2013, 개정증보판.)

Eric Jones, *The European Miracle* (Cambridge University Press, 1981).

J. M. Blaut, *The Colonizer's Model of the World* (Guildford Press, 1993). (제임스 M. 블라우트, 『식민주의자의 세계 모델』, 김동택 옮김, 성균관대학교출판부, 2008.)

James Robinson and Daron Acemoglu, *Why Nations Fail* (Crown, 2011). (제임스 A. 로빈슨 · 대런 애쓰모글루, 『국가는 왜 실패하는가』, 최완규 옮김, 시공사, 2012.)

Douglas North, *Institutions, Institutional Change, and Economic Performance* (Cambridge University Press, 1990).

Jan de Vries, *The Industrious Revolution: Consumer Behaviour and the Household Economy, 1650 to the Present* (Cambridge University Press, 2008).

Richard W. Unger, *The Ship in the Medieval Economy: 600–1600* (Croom Helm, 1980).

Joseph E. Inikori, *Africans and the Industrial Revolution in England: A Study in International Trade and Economic Development* (Cambridge

University Press, 2002).

Max Weber, *The Protestant Ethic and the Spirit of Capitalism* (Allen & Unwin, 1930). (막스 베버, 『프로테스탄티즘의 윤리와 자본주의 정신』, 김덕영 옮김, 길, 2010.)

Robert Putnam, *Making Democracy Work: Civic Traditions in Modern Italy* (Princeton University Press, 1993).

Jan Luiten van Zanden, *The Long Road to the Industrial Revolution: The European Economy in a Global Perspective, 1000–1800* (Brill, 2009).

D. C. North and B. R. Weingast, 'Constitutions and Commitment: Evolution of Institutions Governing Public Choice in Seventeenth Century England', *Journal of Economic History*, 49 (1989): 803 –32.

J. Bradford De Long and Andrei Schleifer, 'Princes and Merchants: European City Growth before the Industrial Revolution', *Journal of Law and Economics*, 36 (1993): 671 –702.

Daron Acemoglu, Simon Johnson, and James Robinson, 'The Rise of Europe: Atlantic Trade, Institutional Change, and Economic Growth', *American Economic Review*, 95(3) (2005): 546 –79.

Robert C. Allen, 'Poverty and Progress in Early Modern Europe', *Economic History Review*, LVI(3) (August 2003): 403 –43.

Mauricio Drelichman, 'The Curse of Moctezuma: American Silver and the Dutch Disease', *Explorations in Economic History*, 42 (2005):

349–80.

제3장 산업혁명

Robert C. Allen, *The British Industrial Revolution in Global Perspective* (Cambridge University Press, 2009).

Joel Mokyr, *The Enlightened Economy: An Economic History of Britain, 1700–1850* (Yale University Press, 2010)는 광범위한 조사와는 또다른 해석을 제공한다.

Nick Crafts, *British Economic Growth during the Industrial Revolution* (Clarendon Press, 1985).

Jane Humphries, *Childhood and Child Labour in the British Industrial Revolution* (Cambridge University Press, 2010).

Friedrich Engels, *The Condition of the Working Class in England*, tr. and ed. W. O. Henderson (Blackwell, 1958). (프리드리히 엥겔스, 『영국 노동계급의 상황』, 이재만 옮김, 라티오, 2014.)

Phyllis Deane and W. A. Cole, *British Economic Growth, 1688–1959: Trends and Structure*, 2nd edn. (Cambridge University Press, 1969).

Knick Harley, 'British Industrialization before 1841: Evidence of Slower Growth during the Industrial Revolution', *Journal of Economic History*, 42(1982): 267–89.

Peter Temin, 'Two Views of the British Industrial Revolution', *Journal of Economic History*, 57 (1997): 63–82.

제4장 선진국들의 힘

Stephen Broadberry and Kevin O'Rourke, *The Cambridge Economic History of Modern Europe* (Cambridge University Press, 2010).

David S. Landes, *The Unbound Prometheus: Technological Change and Industrial Development in Western Europe from 1750 to the Present* (Cambridge University Press, 1969).

Patrick K. O'Brien and C. Keyder, *Economic Growth in Britain and France, 1780–1914: Two Paths to the Twentieth Century* (Allen & Unwin, 1978).

Alexander Gerschenkron, *Economic Backwardness in Historical Perspective* (Harvard University Press, 1962).

Ha-Joon Chang, *Kicking Away the Ladder: Development Strategy in Historical Perspective* (Anthem, 2002). (장하준, 『사다리 걷어차기』, 형성백 옮김, 부키, 2004.)

Kevin O'Rourke, 'Tariffs and Growth in the Late Nineteenth Century', *Economic Journal*, 110(463) (2000): 456–83.

Robert C. Allen, 'Technology and the Great Divergence', Oxford University, Dept. of Economics, Discussion Paper 548 *Explorations in Economic History* (2012).

Sascha Becker and Ludger Woessmann, 'Was Weber Wrong? A Human Capital Theory of Protestant Economic History', *Quarterly Journal of Economics*, 124 (2009): 531 –96.

제5장 제국들

캘리포니아 학파 멤버들의 저서에는 아래와 같은 것들이 있다.

Kenneth Pomeranz, *The Great Divergence: China, Europe, and the Making of the Modern World Economy* (Princeton University Press, 2000). (케네스 포메란츠, 『대분기』, 김규태 · 이남희 · 심은경 옮김, 에코리브르, 2016.)

Bozhong Li, *Agricultural Development in Jiangnan, 1620–1850* (Macmillan, 1998).

R. Bin Wong, *China Transformed* (Cornell University Press, 1997).

James Lee and Wang Feng, *One Quarter of Humanity: Malthusian Mythology and Chinese Realities, 1700–2000* (Harvard University Press, 1999).

Jack Goldstone, *Why Europe? The Rise of the West in World History 1500–1850* (McGraw-Hill Higher Education, 2008). (잭 골드스톤, 『왜 유럽인가』, 조지형 · 김서형 옮김, 서해문집, 2011.)

Robert Marks, *The Origins of the Modern World: Fate and Fortune in the Rise of the West* (Rowman & Littlefield, 2006). (로버트 마르크스, 『어떻게 세계는 서양이 주도하게 되었는가』, 윤영호 옮김, 사이, 2014.)

Peter Temin, *The Economics of Antiquity* (Princeton University Press, 2012).

글로벌화와 공업화의 좌절에 관한 문헌에는 아래와 같은 것들이 있다.

Ronald Findlay and Kevin O'Rourke, *Power and Plenty: Trade, War, and the World Economy in the Second Millennium* (Princeton University Press, 2007). (로널드 핀들레이 · 케빈 오루크, 『권력과 부』, 하임수 옮김, 에코리브르, 2015.)

Jeffrey G. Williamson, *Trade and Poverty: When the Third World Fell Behind* (MIT Press, 2011).

C. A. Bayly, *Imperial Meridian: The British Empire and the World, 1780–1830* (Longman, 1989).

K. N. Chaudhuri, *Trade and Civilization in the Indian Ocean* (Cambridge University Press, 1985).

Tirthanakar Roy, *The Economic History of India*, 1857 – 1947 (Oxford University Press, 2006).

Daniel R. Headrick, *The Tentacles of Progress: Technology Transfer in the Age of Imperialism, 1850–1940* (Oxford University Press, 1988).

Nelly Hanna, *Making Big Money in 1600: The Life and Times of Isma'il Abu Taqiyya, Egyptian Merchant* (Syracuse University Press, 1988).

Robert Brenner, *Property and Progress: The Historical Origins and Social Foundations of Self-Sustaining Growth* (Verso, 2009).

John Darwin, *After Tamerlane: The Rise and Fall of Global Empires, 1400–2000* (Penguin, 2008).

Perry Anderson, *Passages from Antiquity to Feudalism* (Verso, 1996). (패리 앤더슨, 『고대에서 봉건제로의 이행』, 한정숙·유재건 옮김, 현실문화연구, 2014.)

Niall Ferguson, *Empire: How Britain Made the Modern World* (Penguin, 2004). (니얼 퍼거선, 『제국』, 김종원 옮김, 민음사, 2006.)

Chris Wickham, *The Inheritance of Rome* (Penguin, 2010).

제6장 아메리카

Bruce D. Smith, *The Emergence of Agriculture* (Scientific American Library, 1998).

Russell Thornton, *American Indian Holocaust and Survival: A Population History since 1492* (University of Oklahoma Press, 1987).

J. H. Elliott, *Empires of the Atlantic World: Britain and Spain in America, 1492–1830* (Yale University Press, 2006).

Harold A. Innis, *The Fur Trade in Canada* (Yale University Press, 1930).

Stanley L. Engerman and Kenneth L. Sokoloff, *Economic Development in the Americas since 1500: Endowments and Institutions* (Cambridge University Press, 2012).

John J. McCusker and Russell R. Menard, *The Economy of British America, 1607–1789* (University of North Carolina Press, 1985).

Ann Carlos and Frank Lewis, *Commerce by a Frozen Sea: Native Americans and the European Fur Trade* (University of Pennsylvania Press, 2010).

Marc Egnal, *New World Economies: The Growth of the Thirteen Colonies and Early Canada* (Oxford University Press, 1998).

Peter A. Coclanis, *The Shadow of a Dream: Economic Life and Death in the South Carolina Low Country*, 1670 – 1920 (Oxford University Press, 1989).

Winifred Barr Rothenberg, *From Market-Places to the Market Economy: The Transformation of Rural Massachusetts, 1750–1850* (University of Chicago Press, 1992).

미국의 기술 진보에 관해서

H. J. Habakkuk, *American and British Technology in the Nineteenth Century* (Cambridge University Press, 1962).

Paul A. David, *Technical Choice, Innovation, and Economic Growth: Essays on American and British Experience in the Nineteenth Century* (Cambridge University Press, 1975).

Peter Temin, 'Labor Scarcity and the Problem of American Industrial Effi ciency in the 1850s', *Journal of Economic History*, 26 (1966): 277 –98.

Peter Temin, 'Notes on Labor Scarcity in America', *Journal of Interdisciplinary History*, 1 (1971): 251 –64.

David A. Hounshell, *From the American System to Mass Production, 1800–1932* (Johns Hopkins University Press, 1984).

Gavin Wright, 'The Origins of American Industrial Success, 1879 – 1940', *American Economic Review*, 80(1990): 651 –68.

Richard R. Nelson and Gavin Wright, 'The Rise and Fall of AmericanTechnological Leadership: The Postwar Era in Historical Perspective', *Journal of Economic Literature*, 30(1992): 1931 –64.

Naomi R. Lamoreaux, Daniel M. G. Raff, and Peter Temin (eds.), *Learning by Doing in Markets, Firms, and Countries* (University of Chicago Press, 1999).

Alan Olmstead and Paul Rohde, *Creating Abundance: Biological Innovation and American Agricultural Development* (Cambridge University Press, 2008).

노예의 경제학에 관해서

Robert Fogel and Stanley Engerman, *Time on the Cross: The Economics of American Negro Slavery* (Little Brown, 1974).

Paul A. David, Herbert G. Gutman, Richard Sutch, Peter Temin, and Gavin Wright, *Reckoning with Slavery* (Oxford University Press, 1976).

Roger Ransom and Richard Sutch, *One Kind of Freedom: The Economic Consequences of Emancipation* (Cambridge University Press, 1977).

Gavin Wright, *Old South, New South: Revolutions in the Southern Economy since the Civil War* (Basic Books, 1986).

라틴아메리카에 관해서

Mark A. Burkholder and Lyman L. Johnson, *Colonial Latin America*, 2nd edn. (Oxford University Press, 1994).

James Lockhart and Stuart B. Schwartz, *Early Latin America: A History of Colonial Spanish America and Brazil* (Cambridge University Press, 1983).

Charles Gibson, *The Aztecs under Spanish Rule* (Stanford University Press, 1964).

Alan Knight, *Mexico: The Colonial Era* (Cambridge University Press, 2002).

John H. Coatsworth, 'Obstacles to Economic Growth in Nineteenth Century Mexico', *The American Historical Review*, 83(1978): 80–100.

Victor Bulmer-Thomas, John Coatsworth, and Roberto Cortés Conde (eds.), *The Cambridge Economic History of Latin America* (Cambridge University Press, 2006).

제7장 아프리카

E. Domar, 'The Causes of Slavery and Serfdom: A Hypothesis', *Journal of Economic History*, 30(1970): 18–32.

Walter Rodney, *How Europe Underdeveloped Africa* (Howard University Press, 1982).

Paul Collier, *The Bottom Billion* (Oxford University Press, 2008).

Robert H. Bates, *Beyond the Miracle of the Market: The Political Economy of Agrarian Development in Kenya* (Cambridge University Press, 1989).

Hans Ruthenberg, *Farming Systems in the Tropics*, 2nd edn. (Clarendon Press, 1976).

Ester Boserup, *The Conditions of Agricultural Growth* (Allen & Unwin, 1965).

Charles H. Feinstein, *An Economic History of South Africa: Conquest,*

Discrimination and Development (Cambridge University Press, 2005).

R. S. O'Fahey, *The Darfur Sultanate: A History* (Hurst, 2008).

Roland Dumont, Alexandre Dansi, Philippe Vernier, and Jeanne Zoundjihèkpon, *Biodiversity and Domestication of Yams in West Africa: Traditional Practices Leading to Dioscorea Rotundata Poir* (CIRAD, 2005).

Angus Deaton, 'Commodity Prices and Growth in Africa', *Journal of Economic Perspectives*, 13(1999): 23–40.

Kojo Sebastian Amanor, *The New Frontier: Farmers' Response to Land Degredation, A West African Study* (UNRSID, 1994).

Kojo Sebastian Amanor and Sam Moyo (eds.), *Land and Sustainable Development in Africa* (Zed Books, 2008).

Terence Ranger, 'The Invention of Tradition in Colonial Africa', in Eric Hobsbawm and Terence Ranger (eds.), *The Invention of Tradition* (Cambridge University Press, 1983), pp. 211–62.

Randall M. Packard, *The Making of a Tropical Disease: A Short History of Malaria* (Johns Hopkins University Press, 2007).

Michael Havinden and David Meredith, *Colonialism and Development: Britain and its Tropical Colonies, 1850–1960* (Routledge, 1993).

Marshall Sahlins, *Stone Age Economics* (Aldine de Gruyter, 1972).

James C. McCann, *Maize and Grace: Africa's Encounter with a New World Crop, 1500–2000* (Harvard University Press, 2005).

A. G. Hopkins, *An Economic History of West Africa* (Longman, 1973).

Jan Vansina, *Paths in the Rainforests: Toward a History of Political Tradition in Equatorial Africa* (Currey, 1990).

Mahmood Mamdani, *When Victims Become Killers: Colonialism, Nativism, and the Genocide in Rwanda* (Princeton University Press, 2001).

Patrick Manning, *Slavery and African Life* (Cambridge University Press, 1990).

Mahmood Mamdani, *Citizen and Subject: Contemporary Africa and the Legacy of Late Colonialism* (Princeton University Press, 1996).

Polly Hill, *The Migrant Cocoa Farmers of Southern Ghana: A Study in Rural Capitalism* (Cambridge University Press, 1963).

Gareth Austin, *Labour, Land and Capital in Ghana: From Slavery to Free Labour in Asante, 1807–1956* (University of Rochester Press, 2005).

Benno J. Ndulu, Stephen A. O'Connell, Robert H. Bates, Paul Collier, and Chukwuma C. Soludo, *The Political Economy of Economic Growth in Africa, 1960–2000* (Cambridge University Press, 2008).

Gerald K. Helleiner, *Peasant Agriculture, Government, and Economic Growth in Nigeria* (Richard D. Irwin, 1966).

제8장 표준 모델과 후기 산업화

Peter Gatrell, *The Tsarist Economy: 1850–1917* (St Martin's Press, 1986).

M. E. Falkus, *The Industrialisation of Russia: 1700–1914* (Economic History Society, 1972).

Susan B. Hanley and Kozo Yamamura, *Economic and Demographic Change in Pre-Industrial Japan, 1600–1868* (Princeton University Press, 1977).

Akira Hayami, Osamu Saitô, and Ronald P. Roby (eds.), *Emergence of Economic Society in Japan, 1600–1859* (Oxford University Press, 1999).

Thomas C. Smith, *The Agrarian Origins of Modern Japan* (Stanford University Press, 1959).

Tessa Morris-Suzuki, *The Technological Transformation of Japan from the Seventeenth to the Twenty-First Century* (Cambridge University Press, 1994).

Keijiro Utsuka, Gustav Ranis, and Gary Saxonhouse, *Comparative Technology Choice in Development: The Indian and Japanese Cotton*

Textile Industries (St Martin's Press, 1988).

Yujiro Hayami and Vernon W. Ruttan, *Agricultural Development: An International Perspective* (Johns Hopkins University Press, 1971).

Victor Bulmer-Thomas, *An Economic History of Latin America since Independence* (Cambridge University Press, 1994).

Rosemary Thorp, *Progress, Poverty and Exclusion: An Economic History of Latin America in the 20th Century* (Inter-American Development Bank, 1988).

제9장 빅푸시 산업화

Robert C. Allen, *Farm to Factory: A Reinterpretation of the Soviet Industrial Revolution* (Princeton University Press, 2003).

Holland Hunter and Janusz M. Szyrmer, *Faulty Foundations: Soviet Economic Policies, 1928–1940* (Princeton University Press, 1992).

R. W. Davies, Mark Harrison, and S. G. Wheatcroft, *The Economic Transformation of the Soviet Union, 1913–1945* (Cambridge University Press, 1994).

The World Bank, *East Asian Miracle: Economic Growth and Public Policy* (Oxford University Press, 1993).

Christopher Howe, *The Origins of Japanese Trade Supremacy* (Chicago University Press, 1996).

Chalmers A. Johnson, *MITI and the Japanese Miracle: The Growth of Industrial Policy, 1925–1975* (Stanford University Press, 1982).

Alice H. Amsden, *The Rise of 'The Rest': Challenges to the West from Late-Industrializing Economies* (Oxford University Press, 2001).

Barry Naughton, *The Chinese Economy: Transitions and Growth* (MIT Press, 2007).

Loren Brandt and Thomas G. Rawski (eds.), *China's Great Economic Transformation* (Cambridge University Press, 2008).

역자 후기

과연 무엇이 경제 성장을 결정할까? 왜 어떤 나라는 부자이고 다른 나라는 가난할까? 이 물음은 경제학에서 가장 중요한 질문 중 하나일 것이다. 경제사를 되돌아보면, 산업혁명으로 영국이 세계 경제를 선도했고 이후 19세기에는 서유럽과 미국이 선진국이 되어 세계의 다른 지역들과 격차를 벌렸다. 20세기 이후에는 사회주의 소련이 성장하고 일본이 눈부신 경제 발전에 성공했으며, 한국과 최근의 중국 등 동아시아 국가들이 선진국을 추격하고 있다. 그러나 수많은 개도국은 여전히 이들을 따라잡지 못하고 있다. 그렇다면 이러한 역사는 어떻게 설명할 수 있을까?

앨런의 이 책은 영국, 서유럽, 미국, 아프리카, 라틴아메리카, 일본, 소련, 중국까지 전 세계 경제 성장의 역사를 숨가쁘게 추적하며 이 중요한 물음에 답을 제시하고자 한다. 그는 지리, 제도, 문화 등 근본 요인들도 경제 성장의 배경이지만, 기술 진보, 세계화, 경제 정책 등이 성장에 보다 직접적인 영향을 미쳤다고 주장한다. 이 책은 이러한 여러 요인들이 어떻게 상호작용하며, 때로는 우연한 역사적 과정을 통해 각국마다 서로 다른 경제 성장의 궤적을 만들어냈는지 생생하게 보여준다.

그의 중요한 주장들을 간략하게 요약해보자. 그는 먼저 산업혁명의 근본 요인으로 기술 진보를 강조하며, 특히 기술 진보를 불러온 경제적 요인에 주목한다. 그에 따르면 영국에서 산업혁명이 일어난 중요한 원인은 수출과 노동력 수요 증가로 노동자들의 임금이 높아서 노동을 기계로 대체하는 신기술이 수익성이 높았고, 따라서 기술 혁신이 촉진되었기 때문이다. 반면 인도 같은 개도국에서는 임금이 낮았기 때문에 신기술이 도입되지 못했다. 이러한 관점은 사적 재산권을 보호하는 제도 발전의 차이가 선진국과 후진국의 결정적 차이라는 일반적인 설명과는 거리가 있다. 여러 경제학자들은 산업혁명도 영국의 제도가 우월했기 때문이라 주장하지만, 앨런은 이런 설명이 역사적 사실과 잘 맞지 않는다고 비판한다.

또 그는 서유럽과 미국 등 영국을 따라 선진국이 된 국가들의 성공 요인으로 정부의 정책적 노력을 강조한다. 그는 이 국가들의 정부가 적극적으로 전국 시장 확립, 관세 부과, 투자은행 설립, 대중 교육 실시 등 산업화를 위한 표준 모델이라 불리는 발전 전략을 도입했다고 역설한다. 이러한 정책의 성공으로 이들 국가는 국내 산업이 발전했고 임금이 상승했으며 기술 진보가 이루어져 성장에 성공했다. 그러나 인도나 아프리카 등의 후진국들은 세계화와 국제무역의 진전으로 비교우위에 따라 오히려 탈산업화가 이루어졌다. 한편 라틴아메리카 국가들은 표준 발전 정책을 시도했지만 제대로 도입하지 못했고 국내 시장의 작은 규모를 극복하지 못하여 경제 성장에 실패했다. 반면 일본은 정부가 강력하게 계획적으로 빅푸시 산업화와 투자를 촉진하여 선진국이 되는 데 성공했고, 한국과 중국 등 동아시아 국가들은 각각 산업 정책과 개혁 등을 통해 선진국들을 추격하고 있다.

앨런의 세계경제사는 산업혁명, 서유럽과 미국의 성장, 후발국들의 추격의 역사를 분석하여 기술 진보, 정부 정책과 세계화 등을 성장의 요인으로 종합적으로 제시한다는 점에서 의의가 크다. 특히 기술 진보를 생산 요소의 상대가격에 기초하여 내생적으로 이해하고 경제 성장에서 정부의 역할을 강조한 점이 주목할 만하다. 이러한 주장은 경제 성장에서 제도와 자유로운 시장의 역할을 중시하는 주류 경제학의 시각과는 다른 새로운 통찰을 제시한다고 할 수 있다. 그러나 라틴아메리카와 북아메리카의 차이 그리고 다른 개도국들과 동아시아의 비교에서 알 수 있듯이, 표준 발전 전략이 성공하려면 성장의 과실을 공유하고 부패를 억제하는 정부의 역량 같은 제도적 기반이 중요하다는 점을 잊지 말아야 할 것이다. 이렇게 본다면 앨런의 주장은 제도를 강조하는 논의와 상호보완적인 것으로 볼 수 있다. 물론 그도 지적하듯 재산권 보호에 초점을 맞추는 기존의 시각을 넘어 보다 광범위한 관점에서 제도를 파악하려는 노력이 필요할 것이다. 또 자세히 분석하지는 않았지만 책에서 앨런은 세계화를 주로 비교우위를 통해 선진국과 후진국의 격차를 고착시키는 요인으로 파악한다. 하지만 성공적인 산업 정책과 결합된 제조업의 수출은 좁은 국내 시장을 극복하도록 해주고 생산성 상승과 경제 성장을 촉진하는 긍정적인 역할을 한다. 따라서 세계화가 경제 성장에 미치는 복잡한 효과는 보다 자세하게 분석되어야 할 것이다.

최근 경제학계에서는 경제 성장의 근본 요인에 관한 열띤 논쟁이 발전되어왔다. 대략 세 가지 입장이 존재한다. 가장 인기 있는 설명은 바로 재산권을 보호하는 제도가 중요하다는 것이다. 이들은 제도의 발전이 경제 활동과 혁신의 인센티브를 자극하여 성장을 촉진한다고 강조하며, 특히 권력과 부가 소수의 손에 집중되지 않는 포용적인 정치, 경제 제도가 핵심이라고 주장한다. 둘째는 지리적 요인을 강조하는 입장이다.

몇몇 학자들은 아프리카에서처럼 말라리아 같은 질병 요인이 성장을 저해했다고 주장하고, 다른 이들은 농업이 일찍 시작된 유라시아 지역 국가들이 국가의 역사가 길고 지금도 소득 수준이 높다는 생물지리학적인 설명을 제시한다. 세번째 입장은 유전적 요인이 유전적 다양성과 선진국과의 유전적 거리 등을 통해 성장에 영향을 미친다고 주장한다. 이들 중 제도와 지리를 강조하는 학자들 사이에서 논쟁이 전개되었고, 이제는 이러한 관점에서 문화와 역사의 역할에 관한 논의들이 발전되고 있다.

앨런의 세계경제사는 이러한 논쟁에도 시사점을 던져준다. 그는 경제 성장에 하나의 근본 요인이 존재한다고 주장하는 대신, 기술이나 정책 등 여러 직접적인 요인들이 경제 성장의 역사에서 핵심이라고 강조한다. 이러한 관점에 따르면 제도, 지리, 문화 같은 요인들이 역사적 맥락에 따라 어떻게 직접적 요인들에 영향을 미치며 경제 성장으로 이어지는지 분석하는 것이 주요한 연구 과제가 될 것이다. 이를 위해서는 물론 역사에 대한 깊은 이해가 필수적이다. 수백 년의 세계경제사를 몇 시간의 다큐멘터리처럼 압축해 보여주는 이 책은 바로 이러한 역사의 이해에 좋은 출발점이라 할 수 있다. 독자들은 이 책으로 과거를 돌아보며 현재의 세계 경제를 이해하고 이에 기초하여 미래를 전망해볼 수 있을 것이다.

독서안내

필자가 각각의 주제별, 장별로 참고문헌과 더 읽을 문헌들을 매우 상세하게 소개하고 있기 때문에 여기서는 한국어 문헌 중 몇몇 중요한 자료만을 간략히 소개하도록 한다.

『왜 서양이 지배하는가—지난 200년 동안 인류가 풀지 못한 문제』

이언 모리스 지음, 최파일 옮김, 글항아리

동양과 서양이라는 구분이 의미를 가지는 기원전 14000년부터 서기 2000년까지 동양과 서양에서 발흥한 각 사회들의 발전 과정을 생물학, 지리학, 경제학, 사회학 등 여러 과학적인 분석틀을 통해 보여주는 책. 저자는 사회발전지수를 측정해 현재 서양의 지배에 지리가 가장 중요한 역할을 했으며 22세기는 다시 동양의 시대가 될 것이라 예측한다.

『국가의 부와 빈곤』

데이비드 랜즈 지음, 최소영 옮김, 한국경제신문

과거 600년에 걸친 세계 각국의 경제 성장의 흥망을 문화의 차이라는 관점에서 해석한다. 저자에 따르면 지식의 발전에 기초한 기술혁명이 산업혁명으로 이어져 이후 서양이 선진국이 되었는데, 이 과정에서 가장 중요한 요인은 근면과 끈기 등 문화적 요인이었다. 이러한 문화적 차이 그리고 자유와 개방의 차이가 현재 부자 나라와 가난한 나라 사이의 경제 번영의 격차를 잘 설명해준다.

『자본주의 어디로 와서 어디로 가는가』

로버트 하일브로너 · 윌리엄 밀버그 지음, 홍기빈 옮김, 미지북스

인류 전체 역사를 조망하며 자본주의의 태동과 진화를 분석하고 미래를 전망하는 경제사의 고전. 인류사의 시작에서부터 고대와 중세, 시장의 출현과 산업혁명, 자본주의의 발전과 위기, 변모를 파노라마처럼 보여준다. 이 책은 자본주의를 사회에 배태되어 끊임없이 변화하는 존재로 파악하여 자본주의의 역사적 진화를 명쾌하게 보여주고, 경제 이론이 경제의 역사와 어떻게 상호작용해왔는지도 설명한다.

『국가는 왜 실패하는가』

대런 애쓰모글루 · 제임스 로빈슨 지음, 최완규 옮김, 시공사

한 국가의 경제 성장에 제도적 요인이 가장 중요하다고 주장하는 제도주의의 시각을 가장 잘 보여주는 책이다. 로마 제국에서 베네치아, 영국, 미국과 아프리카 등 다양한 역사적 사례들을 제시하며 포용적인 정치, 경제 제도의 확립이 경제 활동과 혁신의 유인을 제공하여 경제 성장을 촉진한다고 강조한다.

『유럽의 발흥—비교경제사 연구』

양동휴 지음, 서울대학교 출판문화원.

뒤처져 있던 유럽이 산업혁명 이후 아시아보다 부자가 되는, 서유럽의 발흥과 소위 '대분기'라는 역사적 사건을 종합적인 시각에서 분석하는 국내 저자의 책. 15세기에서 18세기의 서유럽과 중국, 특히 영국과 양쯔강 삼각주 지역을 지리와 환경, 국가 시스템, 제도와 시장, 과학과 군사, 문화와 종교, 가족 제도, 화폐와 금융 등의 측면에서 다각적으로 비교한다. 특히 대분기에 관한 방대한 동서양의 비교경제사 연구들을 체계적으로 소개한다.

『부자 나라는 어떻게 부자가 되었고 가난한 나라는 왜 여전히 가난한가』
에릭 라이너트 지음, 김병화 옮김, 부키

개방과 자유무역 등 시장의 역할이 아니라 정부의 적극적인 산업 보호와 육성이 영국을 비롯한 많은 선진국의 경제 성장의 핵심 요인이었다고 주장한다. 저자에 따르면 경제 성장에는 불완전경쟁과 수확체증의 특징을 가진 제조업의 발전이 중요한데, 모든 선진국들은 정부의 경제 개입에 기초하여 이에 성공했다. 그러나 후진국들은 주류 경제학자들이 제언했던 무역 자유화와 경제 개방 탓에 이에 실패했다며 신자유주의를 강력히 비판한다.

『시장 대 국가』
다니엘 예르긴 · 조셉 스타니슬로우 지음, 주명건 옮김, 세종연구원

20세기 중반부터 후반까지 세계 경제의 변화를 시장 대 국가라는 관점에

서 분석한 책. 유럽과 미국 등 선진국 자본주의가 어떻게 국가의 경제 개입에 기초하여 황금기를 구가했고, 80년대 이후 어떻게 국가의 역할이 축소되고 시장이 확대되는 변화가 나타났는지 보여준다. 또 아시아와 라틴아메리카 등 개도국들에서도 나타난 시장과 국가 사이의 역사적 변화와 소련과 중국 등 공산주의 국가들이 시장경제로 이행하는 과정을 역사적으로 조명한다.

『1945년 이후의 자본주의』

필립 암스트롱·앤드류 글린·존 해리슨 지음, 김수행 옮김, 동아출판사

1945년 2차세계대전이 끝난 이후, 서유럽과 미국 등 선진자본주의 국가들의 경제 성장과 불황, 위기를 자본주의의 경기 변동이라는 관점에서 살펴보는 책이다. 특히 자본가와 노동자 사이의 계급 갈등과 임금 변동, 이윤율 변화, 경제 제도의 변화에 관한 분석을 제시한다.

「경제 성장의 근본 요인은 무엇인가: 제도, 지리, 인종적 설명에 관한 문헌연구」

이강국, 사회경제평론 제42호.

최근 들어 경제 성장의 근본 요인을 둘러싸고 발전되어온 경제학 논쟁을 비판적으로 검토하는 글이다. 제도, 지리, 유전자를 강조하는 각 주장들과 한계 그리고 그들 사이의 논쟁점을 소개한다. 필자는 경제 성장은 여러 요인들에 의해 중층적으로 결정되며 각각의 요인들이 어떻게 서로 다

르게 경제 성장에 영향을 미치는지에 관해 역사적인 이해가 중요하다고 강조한다.

세계경제사

GLOBAL ECONOMIC HISTORY

1판 1쇄 2017년 3월 27일
1판 6쇄 2022년 8월 26일

지은이 로버트 C. 앨런
옮긴이 이강국

편집 신정민 이정규 **모니터링** 이희연
디자인 강혜림
저작권 박지영 이영은 김하림
마케팅 배희주 김선진
브랜딩 함유지 함근아 김희숙 박민재 박진희 정승민
제작 강신은 김동욱 임현식
제작처 한영문화사(인쇄) 한영제책사(제본)

펴낸곳 (주)교유당 **펴낸이** 신정민
출판등록 2019년 5월 24일 제406-2019-000052호
주소 10881 경기도 파주시 회동길 210
전자우편 gyoyudang@munhak.com
문의전화 031.955.8891(마케팅) 031.955.2692(편집) 031.955.8855(팩스)

페이스북 @gyoyubooks
트위터 @gyoyu_books **인스타그램** @gyoyu_books

ISBN 978-89-546-4488-4 03300